그들이 허문 것이 담장뿐이었을까

이 도서의 국립중앙도서관 출판시도서목록(CIP)은 e-CIP홈페이지(http://www.nl.go.kr/ecip)
에서 이용하실 수 있습니다. (CIP제어번호: CIP2010001478)

대구 삼덕동 마을만들기

그들이 허문 것이 담장 뿐이었을까

국토연구원 기획
김은희·김경민 지음

## 창조적 도시재생 시리즈를 내며

삶의 질보다는 경제성장이 우선시되던 시절이 있었습니다. 함께 가는 것은 더디고 품이 많이 드니, 집중된 힘을 모아 효율적으로 문제를 해결하는 방식을 선호했습니다.

그러나 이제는 알고 있습니다. 우리가 이루고자 하는 경제성장은 국토발전과 환경보전, 국민의 삶의 질 향상을 위해 함께 추구해야 할 목표라는 것을 말입니다.

이러한 인식의 변화가 도시재생 분야에서 나타나기 시작했습니다. 창조적 도시재생을 통해 쇠퇴한 구시가지의 문제를 해결하며 경제를 활성화하고 문화 · 사회 · 복지 기반을 강화하려는 노력이 선진국을 중심으로 공간계획의 핵심적 패러다임이 되고 있습니다. 정부도 시민과 지역이 주체가 되는 도시의 재생과 발전을 정책적으로 지원하고 있습니다.

국토연구원에서 기획한 '창조적 도시재생 시리즈'는 창조적인 방법으로 우리 이웃, 우리 마을, 우리 도시, 우리 지역을 살기 좋은 공간으로 만들어가는 노력이 담긴 이야기입니다.

부디 이 시리즈물이 쇠퇴하는 도시를 살려내고 아름다운 국토를 만들어가는 데 참고자료로 널리 활용되기를 기대합니다.

2010년 4월

국토연구원 원장 박양호

## 서문

1999년 3월 (사)걷고싶은 도시만들기 시민연대(약칭: 도시연대)가 개최한 워크숍에서 김경민 씨가 발표한 「나의 조그마한 실험: 골목가꾸기」는 참가한 사람들 모두에게 신선한 충격으로 다가왔는데, 당시 김경민 씨는 골목가꾸기를 중심으로 삼덕동에 대한 이야기를 풀어나갔다.

아이들의 행복한 놀이터인 골목이 자동차 때문에 본래의 기능을 상실한 모습, 생활쓰레기 문제, 주차 문제, 이면도로 교행 등으로 사소한 다툼이 끊이지 않는 허약한 마을공동체에 대한 안타까움, 마을 공터 등 공유 공간의 초라함, 가출 청소년 쉼터의 등장으로 생긴 마을의 긴장감 등 등 여러 가지 이유로 김경민 씨는 전세로 살던 집 담장을 호기 있게 허물어버렸다. 이후 담을 허물고 조성한 작은 마당은 골목 공원으로 자리 잡았고, 삼덕동은 지금까지도 예쁜 벽화와 알콩달콩 다양한 문화행사가 벌어지는 살기 좋은 마을이다. 여기까지가 우리가 알고 있는 대구 삼덕동 이야기다.

담장허물기 원조 마을로 유명해지면서 많은 전문가와 시민 단체는 지금도 여전히 대구 삼덕동 '담장허물기'를 배우기 위해 찾아온다. 각자 머릿속으로 담장이 하나도 없는 마을을 상상하면서……. 그렇게 삼덕동을 찾은 사람들은 의아해하면서 질문을 던진다. "담장을 허물지 않은 집이 왜 이리 많아요?"

마을만들기 사례를 접할 때 가장 중요한 것은 경관과 공간 디자인 등

6

물리적 현상에만 집착할 것이 아니라 그 내면에 감춰진 이야기를 들여다보고 풀어내야 한다는 것이다. 다른 한편으로는 현재에 이른 운동 과정을 추적해보면서 오랜 시간 마을만들기로 이루어진 가치와 의미를 성찰해보아야 한다는 것이다.

2006년 삼덕동을 방문하면서 배운 것은 바로 "그들이 허문 것은 담장이 아니다"였다. 그들은 담장을 허문 것이 아니라 주민 간의 소통을 꾀하기 위해서, 사회적 약자들이 마을에서 하나의 구성원으로 자리매김하도록, 보이지 않는 벽을 하나씩 허물어 나갔다. 그래서 삼덕동을 살펴보면 가출 청소년도, 마을 아이도, 예술가도, 그리고 마을 가게와 마을 노인도 보인다. 마을이라는 공간 속에서 다양한 계층이 서로 어떻게 얽히고 맞물려 마을일을 풀어나갔는지 그 관계가 보인다.

문화나 축제는 마을만들기를 풍부하게 하는 작동기제로서 필요하다. 그러나 그만큼 지속적이어야 하고 진화가 있어야 한다. 주민들 스스로가 주체이자 즐거운 관객이어야 하며, 성취감 또한 느낄 수 있어야 한다. 2006년부터 매년 5월 5일 어린이날을 중심으로 사흘이나 나흘 동안 진행되는 삼덕동 '인형마임축제-머머리섬'은 10년간의 활동을 통해 발견한 결과물로서, 주민의 공감대를 형성한 문화적 장르다.

마을만들기 운동이 조금씩 더디게 진화해가듯이 인형마임축제도 조금씩 발전해가는 듯하다. 인형마임축제가 서서히 진화할 수 있었던 이

유는 축제라는 행위를 넉넉하게 받아내는 공간이 있었기 때문이다. 빗
슬미술관이나 마고재, 마을만들기 센터는 축제 기간 내내 인형의 나라
처럼 환상으로 가득 찬다. 오랜 기간 수많은 손길과 미세한 조정을 거치
면서 변화해온 것이다.

공간도 사랑을 먹고산다. 마을만들기 운동을 통해 공간은 살아 있으
며, 사람과 소통하는 생명이라는 것을 깨닫는다. 건축이나 도시를 전공
하지 않은 평범한 이들에게도 탁월한 공간 미학과 철학이 있음을 배운
다. 공간 미학과 철학이 없어도 사랑은 행복한 공간을 잉태한다. 그래서
'공간을 어떻게 디자인할까?'라는 문제의식은 '공간과 지속적이고 우호
적인 관계를 어떻게 형성할까?'로 바뀌어야 한다.

마을만들기 운동에서 다루는 공간 디자인은 설계와 시공에서 끝나지
않고, '설계 → 시공 → 관리 → 재조정 → 재설계 → 시공 → 관리'의 순
환적 진화 방향으로 진행되는 참여 운동의 유형이다. 따라서 마을만들
기 운동의 맥락에서는 전문가의 공간 디자인이나 전문가와 함께하는 참
여적 공간 디자인의 시각에서 공간을 바라보는 것보다, 공간과 관계를
맺는 지속적이고 우호적인 주민 참여 시스템의 문제로 공간 디자인을
바라보는 것이 더 중요하다.

도시의 상징은 다양한 삶이 오랜 세월 부딪치고 소통하는 가운데 자
연스럽게 만들어진다. 삼덕동의 상징 또한 이렇게 만들어졌다. 그래서

삼덕동은 감탄이 터져 나오는 사례가 아니라 아주 천천히 깊은 감동이 밀려오는 사례다.

마을이라면 당연히 삶의 공간이고, 생활의 가치가 지배하는 곳이며, 삶을 회복하는 곳이어야 한다. 마땅히 이래야 하는 관점에서 본다면 마을로서의 삼덕동은 부족함이 많다. 질주하는 차도 많고 쓰레기 관리도 쉽지는 않다. 마을 주민의 소통 수준이 높지도 않다. 그러나 삼덕동에는 사람 사는 맛이라는 것이 있다. 삼덕동 마을만들기를, 예쁘게 꾸며진 마을에 대한 디자인적 시선이 아니라, 평범하고 당연하게 '마을은 이래야 한다'라는 시각으로 봤으면 좋겠다.

이 글은 힘든 과정에서 완성되었다. 10여 년 동안 마을만들기를 해오느라 주섬주섬 정리한 자료라고는 두 장짜리 원고 몇 편과 정리되지 않은 수많은 사진밖에 없었다. 그런 상황에서 가물거리는 기억을 되살리기 위해 마치 퍼즐을 맞추듯이 시간을 넘나들면서 작성했던 초안들, 생각도 하기 싫을 정도로 힘겨웠던지 원고 마감까지 꺼내지 못했던 재개발에 대한 기억, 이 모든 것을 서울과 대구를 수시로 오가면서 마주 앉아 토론 속에서 재정리해야만 했다.

그러나 하나씩 차근차근 기억을 끄집어내고 난상토론을 거치면서 정리한 상황은 자연스럽게 흘러온 삼덕동 마을만들기 운동의 재규정이었다. 결국 책을 만드는 과정은 마을만들기 운동을 냉정하게 바라보고 새로운 방향을 모색하는 치열한 학습의 장이 되었다. 아마도 근래 이처럼 치열하게 마을만들기를 논의해본 적은 없었던 듯하다.

　김경민 씨*는 삼덕동에서 태어난 두 아들과 삼덕동에 살고 있는 모든 아이들에게 삼덕동을 고향으로 물려주고 싶다고 했다. 마을만들기는 리더나 사례집에서 살아나지 않고, 마을 아이들의 팔딱팔딱 뛰는 심장 속에서 살아난다는 것을 새삼 깨닫는다.

김은희

---

* 김경민 씨는 현재 대구 YMCA 사무총장이자 가출 청소년 쉼터 소장이다. 1996년 삼덕동에서 일을 시작할 때는 간사였으며, 마을만들기가 본격적으로 추진될 때에는 부장이었고, 그 후 국장과 대구 YMCA 중부지회 관장이 되었다.
　세월만큼 직책의 변화도 많아 이 글에서는 김경민 씨를 포함해 모든 사람의 호칭을 '~ 씨'로 통일했다.

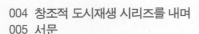

로마는 하루아침에 만들어지지 않았다. 삼덕동도 하루아침에 만들어지지 않았다. 오랫동안 살아왔던 사람들의 행위와 기억이 부딪치면서 공존의 가치를 만들어냈으며, 강제적 규범이 아니라 삶의 경험에서 나온 나름의 지혜가 규범이 되었다. 김경민 씨가 가출 청소년 쉼터를 굳이 삼덕동에 위치시킨 이유는 삼덕동 마을의 풍부한 깊이야말로 이 아이들을 보듬어줄 최고의 대안이라고 생각했기 때문이다.

# 단독 주거지 삼덕동에 대한 이해

# 삼덕동의 역사*

　삼덕동(三德洞)은 대구의 대표적인 구시가지로, 삼덕은 천덕(天
德)·지덕(地德)·인덕(人德)을 뜻한다. 1910년대 현재의 삼덕동1가
를 중심으로 바둑판 같은 신작로가 정비되면서 법원, 교도소, 세무
감독국 등 주요 행정기관이 입지하기 시작했으며, 도청과 우체국,
검찰청, 전매청 관사도 들어섰다. 이에 따라 일본인들의 집단 주거
지도 형성되었는데, 1923년에 3,212호의 일본인 주택이 지어졌으며
그중 90%는 삼덕동과 인접한 동인동에 밀집해 있었다.

　6·25전쟁 이후에는 신천 주변으로 피난민촌이 형성되기도 했다.
직교형인 삼덕동 도로망은 1937년 조선 시가지계획령에 따라 정비
된 것으로, 여러 번의 보완을 거쳤기 때문에 노폭이나 하수도 시설
은 양호한 편이나 내부의 자연 발생적인 미로는 그대로 남아 있다.

　1960년대 말 구역정비 사업 후 대구 최고의 부촌으로 명성을 떨치
기도 했으나, 대구의 신(新)강남이라는 신천 동편 수성구로 지주들이
대거 이동하면서 현재는 전세 입주자가 높은 비율을 차지하고 있다.

　삼덕동1가·2가가 젊은이들이 몰려드는 활기찬 상업지역이라면
삼덕동3가는 일상생활의 잔재미가 쏠쏠하게 풍기는 전형적인 주거
지다. 삼덕동3가가 단독 주거지의 모습을 유지하는 이유는 큰길가
의 경북대학교 병원, 삼덕초등학교, 동부교회, 동대구세무서(현재는

---

* 김경민, 「한국YMCA 지역커뮤니티 운동의 방향과 대안-삼덕동 마을만들기 사업 사례 연구를 중심
　으로」(한국 YMCA 간사논문, 2008).

삼덕동 마을지도(지혜정 작)

주차장)가 마을을 둘러싸고 있고, 도심 하천인 신천이 수성구와 경계를 이루고 있어 중심 상권의 진입이 차단되었기 때문이다.

그러나 신천 서편에 위치한 강마을로서 자연권에 인접해 있고, 도시 고속도로인 신천대로, 대구 동서 간선의 중심축인 달구벌대로와 접해 있을 뿐 아니라 지하철 2호선의 역세권으로 발전 가능성이 높아 개발업자 사이에 재개발 대상 지역으로서의 선호도가 높은 곳이기도 하다. 2000년도 초반 원룸 주택이 진입했고, 2006년에 삼덕동3가 두 곳이 재개발 예정 구역으로 고시되었으며, 2006년 11월에는 한 곳이 주거환경 개선 구역으로 지정되는 등 몇 차례 몸살을 앓았다. 현재 주거환경 개선 사업은 진행 중이다.

삼덕동3가는 노인의 인구구성이 높은 편이다. 대부분 30년 이상 거주한 주민으로 정주성이 높았으나, 2000년대에 도심 주거환경 정비 사업과 재개발 사업이 대대적으로 실시되면서 도심상권을 대상으로 저임금 비정규직 종사자와 생계형 영세자영업자들이 대거 세입자로 유입되었다.

# 삼덕동*, 이야기가 있는 장소

일본인의 집단 주거지였던 삼덕동 일대에는 일본인 관사로 사용되던 적산가옥이 최근까지도 30여 채 있었으나, 원룸이 대거 들어오면서 상당수 소실되어 현재는 몇 채만이 겨우 그 모습을 유지하고 있다. 삼덕초등학교 교장 관사와 고 장석수 화백의 집이 그나마 온전히 보존되어 있다. '적산가옥을 보존할 가치가 있는가'라는 논란은 여전하며 삼덕동 역시 이러한 논란 속에 있었지만, 적산가옥 역시 삼덕동을 형성하는 하나의 중요한 요소로 인식되면서 외형 보존만이 아니라 마을 주민의 현재성을 담아내는 공간으로 새롭게 기능이 부여되었다.

### 빗술미술관

1938년에 개교해 70년의 역사가 있는 삼덕초등학교의 교장 관사

---

* 삼덕동은 삼덕동1가, 삼덕동2가, 삼덕동3가로 나누어진다. 이 책에서의 삼덕동은 삼덕동3가를 의미한다.

는 삼덕동에서 가장 오래된 집이다. 삼덕동 221번지에 있는 그 집은
적산가옥으로, 한때는 흉가로 불릴 만큼 오랫동안 방치되어 있었
다. 김경민 씨는 이곳을 마을미술관으로 사용하면 좋겠다는 생각에
1년간 교육청을 설득해 2000년도부터 위탁운영하기로 합의를 이끌
어냈다.

　흉가처럼 방치된 교장 관사를 마을미술관으로 사용하기 위한 수
리 원칙은 원형 복원이었다. 이에 따라 다다미방의 문틀과 창틀을
철거해 본래 모습인 나무문으로 복원했고, 벽돌로 얼기설기 만들어
놓은 부엌 옆의 가건물은 헐어버렸다. 큰방에 다다미를 깔아놓은 것
도 이 당시 복원의 결과다. 그러나 본채 건물의 원형 복원에만 치중
한 나머지 뒷마당 목조 창고의 소중함을 인식하지 못하고 철거해버
린 것은 지금도 매우 아쉽다. 복원 후에는 전시나 꾸러기 환경 그림
대회, 인형마임축제의 장소, 자전거 디자인팀의 작업장소 등 다양한
용도로 활용되고 있다. 수리비 총 4,000만 원 중 2,000만 원은 모금
으로, 나머지 2,000만 원은 대구 YMCA 예산으로 충당했다.

　빗슬미술관의 '빗슬'은 빗살무늬토기에서 나온 이름이다. 최초의
생활도구이자 예술품인 빗살무늬토기처럼 생활과 예술은 하나라는
생각에서 지은 이름인데, 마을의 미술관이 생활과 하나가 되면서 또
한 그것이 그대로 예술이기를 바라는 마음이 담겨 있다.

## 고 장석수 화백의 집

　삼덕동에서 원형 그대로 가장 잘 보존되어 있는 적산가옥은 한국
추상화 1세대 작가인 고 장석수(1921~1976) 화백의 집이다. 마루 복

도와 높은 천장, 나무 창살 등은 과거 모습 그대로며, 고 장석수 화백
이 작품 활동을 하던 내부 작업실에는 책상과 물감, 스케치하던 작
품이 잘 보존되어 있다. 현재 장석수 화백의 부인이 살고 있으며, 고
장석수 화백 기념관 등 보존 및 활용 방안을 구상 중이다.

### 마고재

빗슬미술관 옆에는 1948년도에 지어진 개량 한옥인 마고재가 있
다. 104평 정도의 크기로, 주인이 살면서 '삼덕보리밥집'이라는 식당
으로 사용하던 집이다.

2001년 삼덕보리밥집이 경매로 넘어간다는 소식과 함께 원룸을
지으려는 사람이 이 집을 사려 한다는 이야기가 마을에 퍼졌다. 김
경민 씨는 가까운 법무사 선배와 논의해 경매에 참가했고 간발의 차
이로 마고재 주인이 될 수 있었다.

당시는 삼덕동에 원룸 바람이 거세게 불던 터라 원룸 업자들이 수
시로 건물을 둘러보곤 했는데, 원룸 때문에 삼덕동 마을에 바람 잘
날이 없던 시기이기도 했다. 이후 주민들의 강력한 원룸 반대 운동
으로 마을은 잠잠해졌다.

마고재는 김경민 씨가 대출로 매입한 집이었기에 수리할 돈이 부
족해 오랜 기간 조금씩 손을 보아 현재에 이르렀다. 마고재라는 이
름은 한국 전래의 창조신인 마고할머니의 이름에서 땄으며, 아이들
이 이곳 마당에서 놀 때 마고할머니가 지켜주기를 바란다는 마음을
담았다. 마고재는 마을 축제마당으로서 문화관이자 손님을 위한 게
스트하우스로도 사용된다.

## 담장허물기 1호-마을만들기 센터

　삼덕동 마을만들기 운동이 본격적으로 시작된 계기는 바로 '담장허물기'이다. 1997년 삼덕동에 가출 청소년 쉼터가 들어오면서 주민들의 반발과 긴장감은 높아져 갔으며, 가출 청소년 쉼터를 마을에서 내보내야 한다는 탄원서까지 나돌았다. 1998년 김경민 씨는 자신이 전세로 살던 집의 담장을 허물면서 골목 주민들과 소통하기 시작했다.

　이후 담장허물기 1호인 삼덕동 201번지는 여러 차례 기능이 바뀌었고, 현재는 지역 아동 센터와 마을만들기 센터로 사용되고 있다. 딸린 점포는 녹색가게로 이용되다가 일부 공간은 2008년부터 희망 자전거 수리 센터로 사용되고 있고, 나머지 공간은 커뮤니티 비즈니스와 연계한 예비 사회적 기업인 피스트레이드(Peace Trade)가 운영하고 있다.

## 삼덕초등학교 벽화 연못

　5년간 삼덕초등학교 측을 설득해서 2005년도에 끝낸 후문 담장허물기와 벽화 연못 만들기는 초등학교야말로 마을의 중요한 커뮤니티 근거지라는 측면에서 시작되었다. 학교는 마을의 공원, 학교 도서관은 마을의 도서관이어야 한다는 것이다. 2006년에 조성한 벽화 연못은 관리 및 안전 문제로 조그마한 모습이었으나, 학교 비오톱의 중요성이 제기되면서 2009년 수생습지식물 20여 종과 함께 다양한 종류의 잠자리, 개구리 등이 서식하는 규모가 제법 큰 비오톱으로 변화되었다. 삼덕동 사람들은 이곳이 도시의 인공습지로 자리매김하기를 기대하고 있다.

### 삼덕동 주민 센터 정자목 쉼터

삼덕동에서 시작된 담장허물기 운동은 1999년 5월 대구사랑운동 시민회의를 통해 대구시에서 공식화되었다. 대형 건물과 관공서를 중심으로 한 대구시 담장허물기가 열풍을 일으켰는데, 1999년 삼덕동 주민 센터 담장허물기도 이러한 맥락과 함께한다. 주민 센터 담장 안에 볼품없이 서 있던 은행나무는 주민 센터 담장을 헐어내자 자연스럽게 멋진 마을 나무가 되었다. 은행나무 밑에 벤치가 놓이면서 정자목 쉼터가 조성된 것이다. 2009년 봄 정자목 쉼터 벤치는 평상으로 바뀌었고, 마을 어르신과 아이들 모두가 즐겨 찾는 삼덕동에서 가장 훌륭한 소통 공간으로 자리를 잡았다.

# 단독 주거지, 삼덕동의 미학

### 공간의 다양성

오래된 마을은 계획가의 의도로 만들어진 것이 아니라, 거주하는 주민의 바람이 하나둘씩 모이면서 오랜 시간에 걸쳐 조정되고 형성된 것이다. 삼덕동은 잘 구획된 마을이지만, 오래된 마을의 의미와 더불어 필요성에 따른 새로운 형태들이 적절하게 조화를 이루고 있다. 오랜된 집과 새로 지은 집, 필요에 따라 주섬주섬 손때를 묻히면서 변화시킨 집 등이 모여서 어울림을 만들어낸다. 기능적 구분이 명확하지 않고, 공익적 기능과 상업적 기능, 주거적 기능이 적절하게 혼합되어 있다.

골목이라는 접점 속에서 영역이 구분되기도 하고 연결되기도 하면서 큰 골목과 작은 골목이 나름의 위계와 소통을 형성해내기도 하고, 인간의 자연스러운 행위와 결합되어 텃밭으로 다가오기도 한다. 시간의 켜 속에서 무서운 공간, 신령스러운 공간, 밝은 공간 등 의미적인 층들이 형성되기도 하는데, 이 역시 삶의 경험에서 부여된다.

마을은 삶의 DNA가 풍부한 곳이다. 집주인도 있고 세입자도 있고, 경제적·계층적으로 다양하다. 체험의 폭도 크다. 그래서 아이들은 마을을 소비하면서 다양한 패턴의 문화적 양식을 자연스럽게 경험한다. 관계망도 편하고 다양하기 때문에 개구쟁이 짓도 할 수 있다.

로마는 하루아침에 만들어지지 않았다. 삼덕동도 하루아침에 만들어지지 않았다. 오랫동안 살아왔던 사람들의 행위와 기억이 부딪치면서 공존의 가치를 만들어냈으며, 강제적 규범이 아니라 삶의 경험에서 나온 나름의 지혜가 규범이 되었다. 김경민 씨가 가출 청소년 쉼터를 굳이 삼덕동에 위치시킨 이유는 삼덕동 마을의 풍부한 깊이야말로 이 아이들을 보듬어줄 최고의 대안이라고 생각했기 때문이다.

## 커뮤니티 장소로서의 마을 구멍가게

나름의 역사가 있는 삼덕동에는 높은 빌딩이 없다. 대형 상가도 없다. 그러나 전업사, 철물점, 작은 밥집, 중국집, 작은 상점, 문구점, 밤에만 여는 맥주가게, 비디오 가게, 만화방 등이 자리 잡고 있다. 새벽 2시에 가서 외상으로 맥주 한 잔 할 수 있는 곳도 있고, 비디오 가게도 야한 집이 있고 건전한 집도 있다. 이들에게는 삼덕동이 주거지이자 직장이기도 하고, 소일거리를 하는 장소이기도 하다. 그렇기에 이곳에는 상업적 공간의 살벌함이나 삭막함과 달리 여유로움이 있다.

마을 가게는 삼덕동 뉴스의 중심지이기도 하다. 하소연하는 곳이기도 하고, 정보를 교류하는 곳이기도 하다. 공공에 의해 규정된 곳이 아니라 주민들의 필요로, 가게 주인이 주민과 교류를 하면서 새롭게 커뮤니티가 확장되는 곳이다. 우물가의 새로운 변형이라고 해야 할까. 그래서 두부를 사러 가서 한 시간을 수다 떨기도 하고, 머리를 단장하러 가서 온종일 진을 치고 앉아 있기도 한다. 물건을 파는 곳이 아니라 장소를 파는 곳이다. 담을 너머 교류하고, 넋두리도 해대는 곳, 수군거림 속에서 흉도 보는 곳, 사람 사는 마을의 다양한 사람들의 행위가 그렇게 형성되고 또 서로를 규제하는 곳, 그곳이 바로 근린 상권이고 마을 구멍가게다.

가게 앞 평상은 누구나 쉬어 갈 수 있는 열린 공간이다. 축구나 야구를 할 때 마을 주민이 함께 모여 응원하는 장이기도 하며, 밤에는 대피장소 등의 사회안전망 기능도 한다. 이처럼 마을 가게들은 사회적 · 상업적 기능을 동시에 한다. 삼덕동 가게도 마을 주민의 필요에 맞는 적절한 시장 기능을 한다. 마을 가게끼리는 보이지 않는 협력을 한다. 나름 단골이 있기에 수입이 일정하며 안정적이다. 남편과 아내 그리고 자녀들이 오가면서 함께 돌보는 곳, 일자리 없는 마을 노인이 잠깐 심부름으로 용돈을 벌기도 하는 곳, 이러한 것들이 가능한 것은 마을의 정주성과 결합되어 있기 때문이다. 삼덕동이 재개발 논란에 휘청거릴 때, 삼덕동을 지켜내자는 움직임에 강력한 지지를 보낸 층들이 바로 마을 구멍가게를 운영하는 주민들이었다.

담장허물기는 선과 악이라는 윤리적 선택의 문제가 아니다. 물리적 경관 계획으로만 보는 것도 경계해야 한다. 담장허물기는 사적 공간의 공유라는 측면에서 사회적 의미이기도 하며, 주인에게는 자기 삶의 공간을 어떻게 소비할 것인가에 대한 개인적 선택의 문제다. 또한 담장을 허물려는 이유는 복합적이며 사람마다 조금씩 다르다. 그래서 담장허물기의 동기와 의미를 제대로 파악하고 사례별로 섬세하게 접근하려는 태도가 생활공간 경관 계획에서는 무엇보다 필요한 자세다.

# 허물자,
# 보이는 것과 보이지 않는 것의
# 경계

# 작은 YMCA 운동, 주민과 만나다

1990년대 중반부터 시작된 시민 단체 논의의 큰 흐름 중 하나가 '시민 없는 시민운동의 비판'이었다. YMCA에서도 이러한 논의가 어느 정도 있었는데, 작은 YMCA 운동을 누구보다 깊게 고민했던 김경민 씨는 '주민 참여 마을만들기 운동'에 관심을 갖기 시작했다.

오랜 친구인 김찬호 교수가 번역한 『이런 마을에 살고 싶다』라는 책을 참 재미있게 읽었다. 도시연대의 주민 참여 방식도 신선했다. 땅값이 엄청나게 비싼 중앙로의 대구 YMCA 건물에는 수많은 사람들이 드나들었지만, 도심지 상업가로의 문맥 속으로 해소되어버리면서 주민과의 괴리도 느껴졌다. 결국 주민과 유리되던 시민운동을 개혁하는 것이 마을만들기 운동이라고 생각했다. 주민과 교감하며 주민과 함께 일할 수 있는 방식을 고민하는 것이 마을만들기의 구체적인 형태가 아닐까 싶었다.

_ 김경민 씨 인터뷰 중에서

작은 YMCA 운동에 대한 논의는 격렬했지만, 시민운동의 영역에서도 마을만들기나 주민 참여에 대한 관심은 아주 미미한 상태였기에 결국 YMCA 차원이 아니라 작은 YMCA 운동에 관심이 있는 개인 차원에서 진행될 수밖에 없었다.

대구 남산동에서 월세로 살던 김경민 씨가 삼덕동으로 이사 오던 시기도 이때다. 1996년 삼덕동에 살던 친구가 농촌으로 가면서 김경민 씨가 그 집에 전세를 들었다. 친구의 장인이 집주인이었기에 큰 돈을 들이지 않아도 된다는 이점도 있었지만, 한편으로는 마을만들기 운동을 해볼 수 있다는 판단도 작용했다.

마을만들기 운동에 착안했지만 무엇을 어떻게 해야 할지 막연했던 김경민 씨는 삼덕동3가의 단독 주거지라는 주택 형태와 오랜 정주성을 띠는 주민에게 큰 매력을 느꼈고, 이 정도 마을이면 뭔가를 해볼 수 있을 거라는 자신감도 생겼다. 그러나 삼덕동으로 막 이사를 왔을 때만 해도 이리저리 바쁜 일상에 휩쓸리면서 마을에서 뭔가를 해본다는 것은 엄두도 내지 못했다. 야근을 밥 먹듯이 하는 김경민 씨에게는 마을만들기는커녕 오가면서 주민과 눈인사를 하는 정도도 녹록지 않을 때였다.

그러면서도 작은 YMCA 운동에 대해 막연하게 이런저런 구상은 했다. 마을에 유기농 매장이나 녹색가게를 만들겠다는 생각을 했다. 지하층과 지상 2층의 82평이나 되는 집은 부부만 살기에는 너무 컸기에 1층을 마을 아이들의 도서관으로 사용하면 좋겠다는 생각도 했다.

담장허물기도 꿈꾸고 있었다. 가끔 낮에 혼자 있던 아내가 큰 집이 너무 무섭다고 했던 점, 김경민 씨가 마당에 생활쓰레기를 모아두면서 지저분하게 사용한다는 점, 마루에 앉아 마당을 바라보면서 담장 너머 지나가는 사람들의 모습이 궁금해지기도 했던 점 등이 '담을 허물고 싶다'는 마음을 갖게 했다. 그러나 현실화할 생각은 품지 못했다. 자기 집도 아닌 친구 장인의 집이었기에 담장을 허물자고 했다가 당장 쫓겨날지도 모를 일이었다. 이처럼 소박한 생각은 삼덕동에 가출 청소년 쉼터가 들어오면서 급변하기 시작했다.

## 가출 청소년 쉼터, 삼덕동에 오다

현대사회에 반드시 필요한 공공적 기능을 하는 시설이 마을 주민의 사적 이해와 충돌하면서 혐오 시설로 밀려나는 경우는 수도 없이 많다. 미혼모 돌봄의 집, 노인 요양 시설, 장애인 시설 등은 멀리서 보면 좋은 시설이지만 가까이서 보면 혐오 시설이다. 가출 청소년 쉼터 역시 마찬가지다. 혐오 시설이라는 인식에서 제기된 민원으로 밀려나 시장으로 가고 익명화된 상업적 공간이나 유흥 공간에 자리를 잡고 있다.

청소년들은 그들이 살고 있는 마을에 의해 성장한다. 일하거나 즐기거나 말하는 것은 그들이 살고 있는 마을에서 형성되며, 그것이 바로 지역의 정체성이기도 하다. 이처럼 마을의 사회적·경제적·물리적 특성은 청소년의 자아와 세계관에까지 영향을 미친다. 그렇기에 가출 청소년들의 쉼터는 마을 안에 있어야 한다. 정상적인 공간에서 가정적인 분위기를 제공해줘야 하기 때문이다.

1997년은 IMF가 시작되면서 가정 해체가 급속화된 시기였기에 가출 청소년 문제가 다른 어느 때보다 심각했다. 여러 가지 경제적 문제로 행정의 관심이나 지원도 줄어들 수밖에 없었는데, 당시 회원 활동 부장이었던 김경민 씨는 가출 청소년 쉼터를 대구 YMCA가 담당해야 한다고 생각하고 대구 YMCA의 사업으로 요청해놓은 상태였다.

어느 날 김경민 씨는 자신이 살던 집과 골목을 마주한 바로 앞집이 비어 있다는 소식을 듣고 늦은 저녁 술에 취한 김에 덜컥 계약을 해버렸다. 술이 깬 뒤 일주일 동안 이리저리 융통해서 2,000만 원의 보증금을 마련하고, 이후 대구 YMCA의 모금활동 등으로 월세 및 운

가출 청소년 쉼터 외부 모습

영 비용을 마련했다. 처음에는 대구 YMCA 청소년 평화마을이라는
명칭으로 대구 YMCA에서 운영했다. 이후에 대구시가 이 시설을 '대
구광역시 청소년 쉼터'로 지정하고 대구 YMCA에 위탁운영하게 해,
1997년 10월 김경민 씨가 소장으로 취임했다. 이것이 1997년 삼덕
동 202-2번지에 가출 청소년 쉼터가 들어선 내용이다.

## 가출 청소년 쉼터에 기인한 마을의 긴장

　가출 청소년 쉼터가 삼덕동에 둥지를 틀었을 때 마을 주민은 영
마뜩해하지 않았지만, 그렇다고 대놓고 쉼터를 몰아내야 한다는 말
도 없었다. 그저 그렇게 물과 기름처럼 섞이지는 못하지만 자연스럽

게 흘러갔다. 문제는 쉼터 아이들에게서 시작되었다. 자라온 환경이나 정서상 쉼터 아이들의 행동이 마을 분위기를 문란하게 하는 주요 원인이었고, 마을을 지저분하게 만드는 주범이기도 했다. 마을 아이들의 교육에 나쁜 영향을 미친다는 이야기도 나왔다. 마을에 불미스러운 사건이 발생하면, 사실 확인이 되지도 않은 상태에서 모두 쉼터 아이들을 지목하기도 했다. 품행이 단정치 못하다는 이야기도 끊임없이 제기되었다. 쉼터와 벽을 이웃한 소망홈패션 사람들의 스트레스는 극에 달했는데, 늦은 밤에도 시끄럽게 장난치고 노는 쉼터 아이들 때문에 불면증까지 생길 정도였다. 그나마 이때만 해도 주민들은 나름대로 인내했다.

긴장을 최고조에 이르게 한 결정적인 사건은 쉼터 아이들의 무개념에서 나온 행위 때문이었다. 어느 날 소망홈패션 주인이 갖고 와 김경민 씨에게 보여준 것은 상상을 초월했다. 오물이나 쓰레기를 담장 너머 소망홈패션 마당으로 끊임없이 던져버린 것이었다. 아이들의 얼토당토않은 행동에 대해 김경민 씨가 용서를 빌었지만 그것으로 해결될 문제는 아니었다. 이미 여러 가지 이유로 쉼터를 못마땅하게 생각했던 골목 주민들은 이 사건을 계기로 '쉼터를 삼덕동에서 몰아내야 한다'는 탄원서를 돌리기 시작했다. 쫓겨나면 안 된다는 절박감이 엄습해왔다. 쉼터를 수리하기 위해 들인 비용도 만만치 않았지만, 그것보다 삼덕동에서 쉼터가 쫓겨나면 결국 시장통으로 갈 수밖에 없을 거라는 위기감도 컸다. 어떻게 해야 쫓겨나지 않을 수 있을까? 물론 쉼터 아이들은 가출 청소년의 아픔을 이해해주지 못하는 주민이 야속했을 것이다. 그러나 주민의 시각에서 바라보면 끊임없이 말썽을 피워대는, 마을과는 이질적인 아이들의 행동을 제어하지 못하는 쉼터라는 존재 자체가 문제였을 것이다.

　　주민들에게나 아이들에게나 함께 살아야 한다는 원칙이 틀리지 않는 한 가출 청소년 배제는 받아들일 수 없었다. 배제되지 않으려면 마을 주민들을 사귀어야 한다는 생각이 들었던 것인데, 주민과 대화하고 소통해야 한다는 절박감이었다.

_ 김경민 씨 인터뷰 중에서

　　그래서 생각해낸 대안이 담장허물기를 통한 골목가꾸기 운동이었다. 몇 개월간 집주인과 그 부인을 설득하는 과정을 거쳐 1998년 11월 중순 어느 비오는 날 담장을 허물었다. 골목 공원만들기가 시작된 것이다.

## 마을 주민들과 소통하기

　　주민들이 기피하는 시설은 주민들의 양해를 구해야만 자리를 잡을 수 있다. 삼덕동에 탄원서가 돌면서 골목 사람들의 양해를 구하기 위한 본격적인 노력이 시작되었는데, 첫 번째 노력은 쉼터 아이들의 일탈적 행위를 엄격하게 관리하는 것이었다.

　　쉼터 교사들이 중심이 되어 아이들에게 마을 속에 쉼터가 있다는 것이 얼마나 중요한 것인지를 설명했다. 마을에 피해를 주면 안 된다는 것도 이야기했고, 마을 청소도 독려했다. 쉼터 아이들이 청소를 하지 않으면 교사라도 열심히 청소를 했다. 쉽지 않았지만 아이들도 조금씩 노력하기 시작했다. 싸움을 해도 마을에 피해를 주지 않기 위해 딴 마을에 가서 싸우고 왔을 정도였다. 이러한 노력은 향후 쉼터 교사들이 삼덕동 마을만들기의 주요한 인적자원이 되는 계기로도 작용했다.

두 번째 노력은 쉼터 아이들을 마을일에 참여시키는 것이었다. 참여를 통해 주민과 쉼터 아이들 간에 자연스러운 교류가 이루어지게 하고, 마을 주민이 조금씩 마음을 여는 계기를 마련하려는 것이었다. 1년에 두 번 개최하는 마을 잔치가 그것이다. 마을 잔치를 하면 쉼터 아이들이 온갖 잔심부름과 음식 나르는 일을 담당한다. 음식이 오가고 노래자랑이 한바탕 벌어지면서 마을 주민들은 조금씩 아이들에게 마음을 열어줬다.

　　이 동네의 실질적인 여론 형성층의 60%는 바로 어르신들이다. 그래서 어르신들을 위한 마을 잔치를 1년에 두 번 한다. 잔치를 하면 식사가 약 300그릇이 나가는데, 그때 쉼터 아이들이 서빙도 하고, 이러면 어르신들이 이런 말을 해준다. "김경민 그 친구 괜찮다. 노인들을 공경할 줄도 알고……" 쉼터 아이들에게 수고한다는 이야기도 한다 (김은희, 2006).

세 번째 노력은 쉼터가 있는 골목 사람들의 마음을 얻기 위한 프로그램으로 담장을 허문 것이다. 뭔가 공유하는 프로그램을 하기 위해서는 장소가 필요했는데, 그동안 막연하게만 생각했던 담장허물기를 실행한 것이다.

한번 생각해보자. 단순하게 본다면 가출 청소년은 그들만의 문제, 그들 가족만의 문제일 것이다. 그러나 구조적으로 보면 우리 사회가 만든 문제다. 그렇기에 가출 청소년이나 그들을 위한 시설을 사회가 끌어안는 것은 당연하다. 우리 주변을 둘러보자. 장애인 시설이 마을에 들어가 있는 경우를 본 적이 있는가. 미혼모 시설이 마을 주민들과 함께 어우러져 있는 경우가 있는가. 다르다고 해서 밀어내는 행위를 얼마나 많이 보았는가.

　마을만들기는 다름을 인정하고, 각각의 다름이 서로 어울릴 때가 가장 아름다움을 마을에서 보여주는 것이다. 아직까지도 삼덕동 주민과 가출 청소년의 관계는 그저 그렇지만, 밀어내기보다는 이웃으로서의 존재 자체를 인정하는 것만으로도 그 의미는 크다.

# 소통과 교류의 공간 만들기

## 작은 실험-담장허물기

　삼덕동에서 벌어진 쉼터 문제와 김경민 씨 개인의 감수성이 결합되면서 1998년 11월 삼덕동 201번지의 담장은 허물어졌다. 쉼터 문제의 심각함과 주민과 소통하기 위한 절박함 때문에 담장허물기가 시작되었지만 사실 그렇게 쉽게 시도된 것은 아니었다.

　가출 청소년 쉼터가 마을에서 쫓겨나지 않기 위해서는 골목 사람들의 마음을 얻는 것이 가장 중요함에도 '어떻게 인심을 얻을 수 있는가'라는 방법을 알지 못했고, 현재와 같은 살벌함 속에서 골목 축

위) 담장을 허물기 전 모습, 아래) 담장을 허무는 모습

제나 잔치와 같이 골목을 막고 진행하는 프로그램에는 자신이 없었다. 오히려 역효과가 발생할지도 모른다는 걱정도 앞섰기에, 결국 김경민 씨 스스로 해낼 수 있는 가장 만만한 방법이 바로 '자신이 사는 집 담장허물기'였다.

　담장을 허문 공간에서 주민들과 함께 이런저런 행사를 하고, 평상시에는 누구나 그 공간에 머물 수 있게 하는 것이야말로 주민들과 소통하기 위한 출발점이라는 판단이었다. 담장을 허물어 주민들의 마음을 얻기 위한 방안이었다.

　김경민 씨가 삼덕동 사례를 발표하면서 담장허물기가 아니라 '골목 공원만들기'라고 끊임없이 이야기하는 이유는 여기에 있다. 조경이나 경관적 관점에서의 담장허물기가 아니라, '소통과 교류의 공간으로서 골목 공원만들기'라는 것이다. 갑자기 들고 나오는 주민 교류 프로그램이 아니라, 주민 교류를 위한 진지한 고민에서 나온 조심스러운 시도였다. 삼덕동 담장허물기에서 찬찬히 배워야 할 지점은 바로 '왜 담장허물기를 하려고 했는가'이다.

　담장을 허물기 위해서는 우선 자기 아내와 집주인을 설득해야 했다. 아내의 도둑에 대한 걱정은 마당에서 키우던 개 한 마리가 답을 줬다. 매우 똑똑한 진돗개 순종인 '매봉이'가 담을 허물더라도 든든하게 집을 지켜줄 것이라는 믿음이 한몫했다. 집주인인 친구 장인은 몇 달간 끈질기게 설득해야 했는데, 담을 허문다는 것을 이해시키는 것이 그리 쉬운 일은 아니었다. 겨우 승낙을 얻었는데 한 가지 조건을 달았다. "담장을 허물더라도 대문은 그대로 놔두게." 명색이 집인데 대문이 없다는 것은 상상하기 힘드셨나보다.

1998년 11월 중순 삼덕동 201번지 담장을 허물기 위해 굴착기가 동원되었고, 구경을 나온 마을 주민들은 모두 한마디씩 했다. "저 집, 식당 할라 카나?", "담 허물었네……" 평소 관리를 하지 않아 쌓여 있던 마당의 쓰레기와 잡동사니, 담장 철거 후 나온 폐기물만 한 트럭이었는데 얼마나 시원하고 예쁜 모습으로 우리에게 다가올까 하는 기대감에 모두들 열심히 치우고 쓸고 애를 썼다. 그런데 막상 청소를 다 하고 나니 그게 아니었다. 이빨이 빠진 것처럼 썰렁하기만 했다. 담장을 허물었던 김경민 씨나 함께 도왔던 마을 주민 모두 황당해했다. 뭔가 조치가 필요했다.

1999년 4월 전문가의 도움으로 조경석을 설치하고 야생화를 심었다. 전문가의 손이 미치자 이전과는 비교할 수 없을 정도로 아름다워졌지만, 또다시 문제가 발생했다. 아름답기는 한데 아이들이 뛰어놀거나 주민이 편안하게 오가기에는 힘들어 보였다. 마을 주민들과 마을 아이들이 자유롭게 사용하게 하려고 만든 공간인데, 아이들이 다니면서 야생화는 밟혀 죽고 길이 듬성듬성 생기기 시작했다.

마을의 조경은 보는 조경이 아니라 사용하는 조경, 소비하는 사람들의 동선과 행동이 반영되는 조경이어야 한다. 사람들을 찬찬히 관찰하다 보면 어떤 동선으로 어떻게 공간을 소비하는가를 찾아낼 수 있다. 또한 사계절과 낮밤의 특성에 따라 복잡하게 변화되는 동선을 보면서 유연하게 공간 설계를 할 필요가 있다.

이번에는 조경을 전공한 전문가의 도움을 받아 주민들의 동선에 따라 길도 만들고, 아이들을 위해 작은 놀이마당도 만들었다. 필요에 따라 나무를 이리저리 옮겨 심기도 했다. 이런 변화는 결국 마을

위) 1차 조경공사, 아래) 2차 조경공사

위), 아래) 현재 모습

마당에서 노는 아이들

주민들의 행동에까지 영향을 미쳐, 누군가가 와서 마당에 뭔가를 심기도 하고 이 사람 저 사람이 나름대로 관리도 하면서 사용하는 등 사람들의 특성에 따라 담장허물기 1호는 진화해갔다.

　바로 맞은편 집인 소망홈패션에 마을 주민이 오가면서 김경민 씨의 집은 자연스럽게 주민의 시선을 받았고, 우려했던 도둑 문제는 저절로 해결되었다. 오히려 술취한 사람들의 배설물이 걱정되었는데 이역시 기우였다. 그러나 생각지 않았던 일이 벌어졌다. 마을 개들의 배설 장소가 되어버린 것이다. 한때는 개똥 치우기가 가장 큰 일이었다.

김경민 대구 YMCA 사무총장

담장허물기에 소요된 비용은 총 300만 원이었다. 굴착기 사용에 든 30만 원은 대구 YMCA에서, 폐기물 처리 비용 및 그 밖에 이런저런 설계 및 시공비 270만 원은 김경민 씨가 자부담했다. 이후 대구시에서는 담장을 허무는 개인 주택에 300만 원을 지원해주는데, 지원 액수의 근거는 김경민 씨 집 담장을 허물면서 소요된 비용에 두었다.

## 삼덕동 주민 센터-정자목 쉼터

삼덕동 담장허물기가 사회화되면서 1999년 5월부터 대구시는 적극적으로 담장허물기를 지원하기 시작했다. 대구사랑운동 시민회의는 담장허물기를 선도 사업으로 선정하고, 관공서 · 공원 · 병원 · 학교 등의 담장허물기를 지원하기 시작했다.

1999년 삼덕동 주민 센터의 담장이 허물어졌고, 누구의 시선도 받지 못했던 담장 안의 은행나무가 삼덕동의 든든한 마을 나무 역할을 하고 있다. 은행나무 그늘 아래에서 마을 어르신들의 장기 한 판이, 오가던 주민의 수다가 펼쳐진다. 아이들은 나무 아래에 옹기종기 모여 소꿉놀이도 한다. 이처럼 은행나무가 자연스럽게 마을의 나무가 되는 모습을 보면서, 2009년도에 구청과 주민 센터를 설득해 주민들과 함께 벽화를 그리고 평상을 설치했다.

담을 허물면서 벽화와 평상 설치를 동시에 진행하는 패키지 디자인이 아니라, 좋은 나무를 발견하고 그 나무를 공유하기 위해 담을 허물면서 가치를 사회화하고, 그 가치를 좀 더 살리기 위해 조금씩 디자인을 넣는 방식은 공간의 물리적 변화가 어떻게 연속성을 갖는가를 보여주는 사례이기도 하다. 그래서 정자목 쉼터는 삼덕동의 어떤 공간보다 사랑을 받는다. 초기에 김경민 씨는 담장을 허물면서 골목 공원의 가치를 이야기했다. 그러나 가게 앞 평상이나 나무 그늘이 골목 공원보다 훨씬 더 자연스러운 일상적 마을의 소통 공간임을 삼덕동 주민 센터 정자목 쉼터에서 발견할 수 있었다.

## 삼덕초등학교 담장허물기-벽화 연못

삼덕초등학교 담장허물기는 5년간의 설득 과정이 필요했다. 아이들의 안전 문제, 관리 문제 등으로 학교 측을 설득하는 것은 쉽지 않

위) 담장을 허물기 전 모습, 아래) 담장을 허문 후 모습

평상 설치 후 모습

앞기에, 학교의 우려를 불식시킬 대안을 끊임없이 만들어내면서 논의를 지속했다. 담장을 허물든지 아니면 새로운 공간을 만들든지 간에 모든 설득에는 공공의 이유가 있어야 하며, 그렇더라도 사적인 이해관계와 충돌이 발생하면 이에 대한 대안을 마련해야 한다. 모든 담을 허물자는 것이 아니라, 삼덕동3가와 연결된 후문 담장만 허물고 마을 주민의 산책 공간으로 사용하자는 수정된 제안에 교사, 학부모, 주민 간의 합의가 이루어졌다.

삼덕초등학교 담장을 허물려고 했던 이유는 마을 공원으로 사용

벽화 연못 조성

하고 싶었기 때문이다. 변변한 공터도 없는 삼덕동에서 주민들이 운
동이나 산책을 하기에 가장 좋은 장소가 바로 삼덕초등학교였기 때
문이다. 초등학교는 마을과 함께해야 하며 지역사회의 일원임을 인
식해야 한다. 마을 아이들이 다니는 학교에 주민은 애정이 있어야
하며, 학교와 마을은 유기적으로 연계되어 서로가 보듬어줘야 한다.

　　2005년 대구사랑운동 시민회의의 담장허물기 예산으로 삼덕초등
학교 후문이 있는 북쪽 담장을 허물고 예쁘게 조경 공사를 했다. 상
명대학교 이행렬 교수의 설계를 기초로 해서 학부모 간담회, 주민
간담회 등 적지 않은 과정과 진통을 겪고 나서야 대망의 공사를 시

비오톱 조성 과정

작할 수 있었다. 설계에는 조경 개념 외에 삼덕동 마을의 필요도 반
영되었다.

정화조가 묻혀 있는 서쪽에는 소형 무대로 활용할 수 있도록 높이
20cm의 무대를 만들었고, 무대 뒤쪽에는 예쁜 벽화를 그릴 수 있도
록 폭 3m 높이 2m 규모의 벽면을 만들었다. 나무가 많은 동쪽에는
주민이 쉽게 와서 쉴 수 있고 아이들은 생태 관찰 학습장으로 사용
할 수 있도록 벽화 연못을 만들었다. 아늑하게 느껴질 수 있도록 반
원형 구조물도 설치하고, 전문 미술 작가와 마을 아이들이 6개월간
정성을 들여 벽화 작업도 했다.

비오톱 조성 후 벽화 연못

　　담장허물기와 벽화 작업은 삼덕초등학교 경관을 주민 친화적이고
문화적인 공간으로 변화시켰으며, 교장 선생님, 학부모, 그리고 주
민의 반응도 아주 긍정적이었다. 드디어 삼덕초등학교도 삼덕동 마
을의 일부가 된 것이다. 일상에서는 주민의 휴식이나 산책 공간으
로, 인형마임축제 때는 개회식 및 인형 퍼레이드와 다양한 공연 프
로그램의 무대로 사용된다.

　　2009년 학교 비오톱 조성 사업의 중요성이 제기되면서 주민들이
너무 좋아하는 장소가 된 삼덕초등학교에 또 한 번의 변화가 찾아왔
다. 연못을 넓히고 대구 에스파스(dgespaces)에서 수생습지식물 20

여 종을 가져와 넣었다. 대부분의 비오톱 연못에는 갈대와 부들, 청
포, 연꽃 등 4~5종의 습지식물을 식재하는데, 김경민 씨와 대구 에스
파스는 수생식물과 습지식물, 침수식물 20종을 식재해 도시의 중요
한 소생태권으로 조성했다. 고추잠자리 · 실잠자리 · 물잠자리도 많
이 날아다니고, 메뚜기와 개구리도 나타났다. 도시의 작은 공간을
놀랄 만큼 다양한 생물이 서식처로 삼고 있다.

　　그러나 관리자가 존재하지 않으면 연못은 순식간에 오물투성이
로 변한다. 삼덕초등학교 벽화 연못은 퇴직한 교감 선생님이 매일매
일 정성껏 관리하며, 대구 에스파스에서 근무하는 삼덕동 거주 주민
들 역시 토요일이나 일요일에 시간을 내어 틈틈이 관리한다. 모든
공간은 정성을 기울이면 주인이 생긴다. 이처럼 마을만들기는 익명
의 관리자가 많아야 한다. 삼덕동 벽화 연못을 관리하는 이들은 이
곳이 도시의 인공습지로 자리를 잡아 개구리가 와글거리기를 기대
하고 있다.

## 담장허물기 운동의 확산

　　1996년 서구청과 경북대학교 병원 담장을 허물면서 대구시 담장
허물기는 시작된다. 그러나 담장허물기가 본격적으로 확산된 것은
김경민 씨가 자신의 집 담장을 허문 것을 계기로 대구시도 숲의 도
시 만들기 사업과 커뮤니티를 연계하는 사업 방식에 관심을 보이면
서다. 그리고 1999년 5월 시민사회 단체와 대구시가 공동으로 전개
하는 '대구사랑운동 시민회의 선도 과제'로 채택되면서 담장허물기
는 빠르게 확산되었다. 대구에서의 담장허물기는 개인의 집 담장허

물기로 소개되었지만 실상은 도시의 표정을 바꾸는 프로젝트였고 3년간 집중되었는데, 이처럼 담장허물기가 대구에서 적극적으로 추진된 이유는 다음과 같다.

첫째, 민간의 참여가 있었다. 공공의 권유와 설득이 아니라 개인 스스로 담장을 허물었다는 것은 매우 강력한 메시지를 전달해줬다. 둘째, 대구사랑운동 시민회의라는 민관 협력 거버넌스 시스템에서 공식 운동 과제로 채택하면서 보수적이고 폐쇄적인 대구의 이미지를 열린 도시의 이미지로 브랜드화하는 과정을 거쳤다. 셋째, 당시 대구의 가장 핵심적인 도시 디자인 정책이 '숲의 도시 만들기'였는데, 대구시가 이를 담장허물기와 연결하면서 행정의 의지가 강하게 작동되었다. 이러한 과정에서 대구시의 병의원, 종교 시설, 학교, 국가 투자기관 등의 담장허물기가 확대되었으며, 대구시청 내 자치행정과에는 담장허물기 상담 센터를 설치해 담장허물기와 관련된 정보를 제공할 뿐만 아니라 상담과 지원을 아끼지 않았다. 당시 대구시청에 근무하면서 대구사랑운동 시민회의의 사무국 간사였던 한수구 씨는 타의 추종을 불허하는 열정으로 담장허물기를 확산시킨 담장허물기의 일등 공신이다.

삼덕동 담장허물기 운동은 몇 가지 유형을 만들어냈는데, 개인 주택지를 중심으로 하는 마을 커뮤니티 공간 형성, 경북대학교 병원과 국채보상운동 기념공원과 같은 도심 녹지 공간 및 그린웨이 형성, 초등학교 및 중학교 담장허물기를 통한 마을 공원 형성 등이 그것이다.

담장허물기는 이후 전국적인 운동으로 발전했고, 삼덕동도 주민자치 센터를 시작으로 삼덕초등학교, 빛솔미술관, 동부교회, 마고재

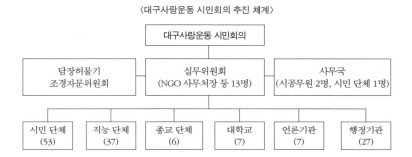

〈대구사랑운동 시민회의 추진 체계〉

〈대구사랑운동 연혁(1999년까지)〉

| | | |
|---|---|---|
| 1996년 | 01.03 | 대구사랑운동 주창 |
| | 03.08~10.22 | 대구사랑운동 추진기획단 구성·운영(6개 팀 82명) |
| | 09.23 | 대구사랑시민 (직불)카드 발행 |
| | 10.22 | 대구사랑운동 시민회의 창립(115개 기관 및 단체 참여) |
| 1997년 | 03.11 | 지역 현안 결의안 채택(상임위원회) |
| | 04. | 대구사랑시민 아카데미 운영(17회 2만 5,000명) |
| | 05.30 | 대구사랑운동 시민 대토론회 |
| 1998년 | 01.08 | 장롱 속 금모으기 운동 기관, 단체장 결의대회 개최 |
| | 05.18 | 이웃사랑 창구 개설 |
| | 07.18 | 대구사랑 나눔장터 개설 |
| 1999년 | 05. | 담장허물기 시민운동 추진 |
| | 06.22~09.27 | 대구사랑운동 지원기금 설립 및 손금 인정 단체 지정 |

등 10여 곳의 담장을 허물었다. 대구시 담장허물기를 주도했던 대구
사랑운동 시민회의*는 지역의 행정기관, 공공기관, 권익 단체 및 시
민사회 단체 등 다양한 분야에서 활동하는 각급 기관과 단체가 지역

현안의 해결과 대구시의 밝은 미래를 위해 힘과 지혜를 모으는 민관 협력의 네트워크 성격을 띠는 조직으로, 공동 의장은 대구시장과 시민사회 단체 대표로 구성된다.

현재 대구사랑운동에 참여하는 137개 회원 단체는 대구사랑운동 시민회의라는 네트워크를 통해 서로 대등한 위치에서 연계와 협력을 이루어나가면서 대구사랑운동 실천 과제를 개별 추진하거나 현안 및 기획 사업에 공동 참여하는 등 다양한 활동을 전개하고 있다.

## 담장허물기에 대한 오해들

"왜 담장 허문 집이 별로 없어요?" 삼덕동을 방문하는 사람들이 가장 많이 하는 질문이며, 일부는 항의도 한다. '담장허물기 프로젝트'를 추진하기 위해 주민과 함께 삼덕동을 방문하는 타 지역 행정기관이나 시민 단체들은 당혹스러워하기도 한다. 해가 지나도 방문하는 사람들의 질문은 모두 똑같다. "담장 허문 집이 어디냐? 다른 집들은 왜 담장을 허물지 않았느냐? 담장을 허물었더니 공동체가 형성되었느냐?" 10년이라는 세월 속에서 삼덕동 마을만들기는 여러 가지 변화를 거쳐왔는데, 삼덕동을 방문하는 사람들은 1998년과 1999년도의 삼덕동에서 좀처럼 나아가지 못했다.

삼덕동 담장허물기에 대한 오해는 가히 전국적이기도 하다. 담장은 이웃 간의 관계를 단절시키는 요소기 때문에 커뮤니티 형성과 경관 개선을 위해 반드시 허물어야 한다는 주장들이 거침없이 제기되

* 대구사랑운동 시민회의에 대한 좀 더 많은 정보는 홈페이지(http://www.daegulove.or.kr)를 참조

었다. 마을 경관 개선에는 반드시 담장을 허물어야 한다는 계획들이 주민과 상의 없이 도면에 그려진다. 담장을 허물면 선하고 그렇지 않으면 이기적이라는 경직된 원칙으로 주민들을 몰아세우기도 하는 것 같다.

담장허물기는 선과 악이라는 윤리적 선택의 문제가 아니다. 물리적 경관 계획으로만 보는 것도 경계해야 한다. 담장허물기는 사적 공간의 공유라는 측면에서 사회적 의미이기도 하며, 주인에게는 자기 삶의 공간을 어떻게 소비할 것인가에 대한 개인적 선택의 문제다. 또한 담장을 허물려는 이유는 복합적이며 사람마다 조금씩 다르다. 그래서 담장허물기의 동기와 의미를 제대로 파악하고 사례별로 섬세하게 접근하려는 태도가 생활공간 경관 계획에서는 무엇보다 필요한 자세다.

한국 단독 주거지 공간 구조에서는 속옷 차림으로 마당에 나오기도 하고 신문도 줍는다. 마당에서 바라보면 내부가 훤히 보이는 구조이기에 무조건적으로 담을 허물라고 하는 것은 무리한 요구가 될 수 있다. 개인적으로 꼭 담을 허물었으면 하는 곳은 공공건물이었다. 한옥이나 1층 단독 주거지, 마당에서 실내가 훤히 보이는 주택 담장을 허무는 것은 곤란하다. 사생활이 보호되지 않기 때문이다. 담장허물기와 사생활 보호에 대해 진지하고 충분하게 검토되어야 한다. 지금 삼덕동에 경관 계획이나 공동체 공간의 확보를 위해 꼭 담장을 허물어야 한다고 생각되는 곳은 없다. 삼덕동에서 담장허물기는 마을만들기 과정 중 하나일 뿐이다. 그렇기에 삼덕초등학교와 같이 마을 커

뮤니티에 꼭 필요한 곳은 5년이 넘는 오랜 시간이 걸리더라도 반드시
허물었고 그대로 놔두는 것이 훨씬 더 좋은 곳은 그대로 뒀다.

_ 김경민 씨 인터뷰 중에서

# 벽화를 통한 골목의 재발견

공유 공간임에도 버려진 공간, 누구의 관심도 받지 못하지만 모든
사람들이 필연적으로 소비해야 하는 마을의 공간은 골목이고 벽이
다. 주목성이 가장 큰 곳도 골목이고 벽이다. 담장허물기 이후 삼덕
동에서 벽화 작업을 한 이유는 누구도 관리하지 않지만 모두가 소비
할 수밖에 없는 곳인 벽의 변화를 통해 골목가꾸기를 본격화하기 위
함이었다. 또한 벽화를 통해 낡은 벽들을 새롭게 정비하면서 주민들
에게 신뢰와 관심, 리더십을 얻을 수 있는 과정이라고 판단했기 때
문이다. 하나의 벽이 아니라 골목을 중심으로 벽화 작업이 진행되면
주민들 역시 자신의 벽을 '독립된 벽'으로 바라보지 않고 골목을 구
성하는 하나의 요소로 바라볼 수 있을 거라는 기대도 있었다.

그래서 삼덕동 벽화 작업은 주민과 지속적인 대화를 하는 과정이
었다. 쉽게 발견하는 축대 벽이나 공공건물이 아닌 사적 공간이자
생활공간에 벽화 작업을 했기 때문에, 주인뿐만 아니라 이웃 사람까
지 관심을 기울여 참견하고 대안을 제시하기도 했다. 자신의 집수리
에 대한 조언까지도 부탁했다. 가장 단순한 프로그램이었지만 벽화
작업을 통해 삼덕동 마을만들기를 추진하는 사람들은 주민들에게

문화적 헤게모니를 얻을 수 있었다.

  그러나 현재 삼덕동 사람들은 벽화 작업을 고집하지 않는다. 초기에는 벽화밖에 생각하지 못했기에 과도함도 나타났지만, 몇 차례 시행착오를 거치면서 낡은 벽은 그 자체로, 회색 벽도 그 자체의 아름다움이 있다는 것을 발견했다. 그것 자체가 우리 삶의 일부고 생활임을 인식하고 있다.

**간판과 벽화의 어우러짐-병뚜껑 벽화**

  삼덕동에 벽화가 시작된 것은 미술 대학을 나온 김정희 씨가 이사를 오면서다. 김정희 씨는 대구 YMCA 청소년에서 활동할 당시 담당교사였던 김경민 씨를 길에서 우연히 만나면서 삼덕동과 인연을 맺기 시작했다. 김경민 씨는 이사 간 82평짜리 집 자랑과 더불어 비어 있는 지하실에서 미술 작업도 하고 화실도 작게 시작해보자고 제안했다. 김정희 씨가 운영난에 시달리지 않고 마음껏 그림 공부를 할 수 있을 거라는 기대를 하기에 충분했다. 김경민 씨 입장에서는 덩그렇게 큰 집에 부부만 살기에는 버겁고, 낮에는 종일 비어 있어 집을 지켜줄 사람이 필요했을 거라는 추측도 해본다. 그렇게 김정희 씨는 삼덕동에 둥지를 틀고 '초록화실'이라는 이름의 화실을 열었다.

  1999년 담장허물기 1호집에 딸린 빈 점포에 녹색가게가 들어서자 김정희 씨는 밋밋한 건물 벽면에 녹색가게라는 이미지와 재미를 넣기 위한 궁리를 했다. 작은 물물교환 센터인 녹색가게는 물건만 교류되는 곳이 아니라 그 속에서 새로운 커뮤니티가 형성되는 곳이기에 녹색가게의 취지를 되살려 병뚜껑을 활용한 벽화를 구상했다.

병뚜껑을 모아온 아이들

　　마을 아이들과 함께 병뚜껑을 모으기 시작했다. 종류를 불문한 병
뚜껑들을 열심히 모았지만 커다란 벽면을 채우기에는 터무니없이
모자랐다. 새로 짠 작전은 '병뚜껑 두 개에 10원!' 마을 아이들의 반
응은 뜨거웠다. 쉼터 아이들 역시 한몫을 해냈다. 마을의 한 꼬마는
집 안 냉장고 음료수 병뚜껑까지 모조리 따오는 바람에 엄마한테 혼
나고 병뚜껑을 빼앗기는 수모도 당했다(김정희, 2008). 이렇게 한 달
간 모은 병뚜껑을 씻고, 칼집을 내서 꽃모양을 만든 후 페인트를 칠
했다. 그래야 녹도 덜 나고 전체적으로 통일감이 생기기 때문이다.
대략 8,000개의 병뚜껑이 3개월간의 노력으로 환생했다.

병뚜껑 벽화 완성 모습

## 삶의 방식과 지혜-마을 벽화

벽에 대해 가장 잘 아는 사람은 바로 집주인이며 벽에는 집주인의 취향이 포함되어 있다. 집주인의 취향에 따라 벽화가 만들어지기도 하고, 벽 그 자체로 존재하기도 한다. 그래서 벽화 작업 자체는 전문가의 손길이 절대적이지만 벽화를 만드는 과정은 주민들의 영역이다.

삼덕동 마을 벽화는 프로젝트로 진행된 것이 아니다. 녹색가게와 쉼터 벽화 작업을 하고 난 뒤 주민들의 호응이 생기면서 집주인의 요구에 따라 2년에 걸쳐 하나씩 천천히 진행되었다. 삼덕동 주민들은 자신의 집에 벽화가 필요한지를 판단한 후 벽화 작업을 의뢰하기

위) 벽화 조성 전, 아래) 벽화 조성 후

현재 모습

시작했는데, 대부분 가운데가 뻥 뚫린 시멘트 블럭 담이나 손을 댈
필요가 있는 낡은 벽들이었다.

삼덕동 마을 벽화는 집주인과의 소통으로만 진행되지 않았다. 벽
화 작업은 일사천리로 진행되지 않고, 대구 YMCA, 시청, 구청의 협
조로 지원 비용이 생기면 그때그때 신청한 순서대로 진행했기에, 다
음 차례의 집주인은 다른 집 벽화 작업에 참견을 했다. 참견은 자기
집 벽화에 대한 기대 심리의 또 다른 표현이다. 벽화 작업을 찬찬히
살피면서 자신의 집 벽화를 나름대로 구상해놓기도 하고, 진행하고
있는 이웃의 벽화에 대해 자신의 의견을 적극적으로 제시하기도 했

다. 이미 벽화를 끝낸 집주인도 지대한 관심을 보이는 것은 당연했
다. 아무리 견고하게 만들어도 이리저리 보수하는 손길이 필요하기
에 관리방법을 익히기 위함이다. 그래서 삼덕동 주민들은 자기 집
벽화를 소중하게 여긴다.

　　선미용실은 벽화 작업 당시에는 없었다. 벽화 작업이 끝나고 난
　뒤, 미용 기술을 가진 딸이 모퉁이 벽을 헐고 작은 방 하나 내어 미용
　실을 연 것이다. 벽화가 상하지 않게 아주 신중하게 벽을 헐어냈더
　라. 그래서 누가 보더라도 원래 미용실이 있던 벽에 벽화를 한 것처
　럼 자연스럽다. 이처럼 주민들은 자신의 집 벽화를 소중하게 여긴다.
　　　　　　　　　　　　　　　　　　　　　　　_ 김정희 씨 인터뷰 중에서

## 청소년 쉼터와 삼덕초등학교-타일 벽화

　삼덕동 마을 안의 벽화는 주변 분위기와 자연스럽게 어울리지만,
청소년 쉼터 벽화와 삼덕초등학교 벽화는 상대적으로 시선을 한눈
에 끈다. 삼덕동 마을의 경계부인 큰길가에 접했기 때문이다. 쉼터
의 넓은 벽에 이루어진 벽화에는 '만다라'와 '미래의 꽃'이라는 이름
이 붙여졌다. 색색의 타일과 타일을 가장한 병 조각들로 만든 벽화
로 작업에 3개월이 걸렸는데, 디자인에 맞춰서 네모난 타일들을 조
각내고 마을 슈퍼에서 모아온 갈색 맥주병과 연둣빛 소주병을 깨서
유리조각을 만들었다. 더운 여름날 가장 고생을 많이 한 벽화다. 삼
덕초등학교 연못 벽화는 무대라는 공간적 특성을 살리기 위해 화려
하게 만들었다.

위) 쉼터 벽화 작업 모습-만다라, 아래) 쉼터 벽화 작업 모습-미래의 꽃

## 사라진 벽화들

6개의 벽화가 나란히 있는 벽화 골목을 포함해서 삼덕동의 총 17 곳에서 벽화 작업이 완성되었다. 그러나 5곳은 원룸건설과 주차장 조성 등으로 철거되고, 현재는 12곳에 담장 벽화가 남아 있다.

초기의 벽화는 담장을 허문 마당에서 시작됐다. 기대와 달리 썰렁 했던 마당은 몇 차례 조언을 구하면서 변화되어갔지만, 이듬해 봄 김정희 씨의 눈에 거슬린 것은 마당 옆 건물의 벽면이었다. 모두 담 장을 허물고 난 마당에만 관심이 있을 뿐 마당과 연계된 건물 벽면 에는 누구도 시선을 주지 않았기에, 이리저리 손을 댄 마당 역시 뭔 가 허전하기만 했고, 이에 김정희 씨는 실력을 발휘했다.

비용이 턱없이 부족했다는 것도 하나의 이유였지만, 그림을 그리 는 기존 벽화가 아닌 새로운 시도를 하고 싶은 욕구에 마을 목공소 에서 톱밥을 얻어왔다. 마을 페인트 가게에서 핸디코트도 한 통 가 져와서 둘을 섞었다. 그리고 물감을 섞어서 여러 가지 색을 만든 후 스케치한 벽면에 손으로 발라가면서 터치를 냈다. '해님달님'이라는 이름의 톱밥 벽화가 시작된 것이다. 첫 작업이니만큼 여러 가지 우 여곡절과 재작업이 반복되면서 겨우 완성했는데, 오가던 마을 아주 머니들의 칭찬과 기대감이 벽화 완성의 가장 큰 밑바탕이었다.

이처럼 삼덕동 벽화는 '벽화 조성'이라는 목적의식 속에서 행해진 작업이 아니다. 시각적 이미지를 돋보이게 하거나 낡은 벽면을 감추 기 위함이 아니라 입체와 평면 간의 어울림을 어떻게 만들어낼 것인 가라는 고민 속에서 시작되었다.

지금은 원룸이 들어서면서 허물어졌지만 곡식을 사용한 유기농

위) 벽화 작업 전 모습, 아래) 벽화 작업 후 모습

매장 벽화는 매장 특성을 살린 벽화였다. '밥은 하늘입니다'라는 간
판을 달고 벽화 작업을 진행했는데, 땅에는 깨, 나무에는 조, 하늘에
는 쌀을 붙였다. 당시 우리농산물 살리기 운동이 한창이어서 수입산
농산물로 작업을 한 벽화였기에 비용도 아주 저렴했다.

위), 아래) 유기농 매장 벽화

　'마을 지도 벽화'는 마을 아이들에게 자기 집과 자주 가는 가게, 친
구 집, 학원 등 생각나는 건물들을 모두 그리게 하면서 작업한 벽화
다. 마을 지도 벽화를 진행하는 과정에서 발견한 것은 아이들이 삼

마을 지도 벽화

덕동의 구조를 너무나 잘 알고 있다는 점이다. 누구네 집에 살고 있는 강아지까지 마을 지도에 담겼다. 그런데 안타깝게도 집주인이 바뀌면서 새로 도색을 해 지금은 '마을 지도 벽화'를 볼 수 없다.

## 의미 있는 실패들-암각 벽화, 동전 벽화

누군가가 "암각 벽화를 해보면 어떻겠는가?"라고 제안해 몽골 암각화 유적지를 모태로 하는 암각 변화가 진행되었다. 자료를 본뜨고, 섬세하게 잘라내고, 붙이고, 다시 스톤 스프레이 작업을 했다. 고대 유적지 분위기를 살리기 위해 허연 벽에 미장을 다시 하고 일일이 암각 그림 형태를 붙였기에 손이 많이 간 벽화다. 그러나 암각 벽화에

암각 벽화

들인 노력이나 시간은 많았지만, 아는 사람이나 좋다고 할 뿐, 마을 아주머니들과 아이들은 벽화에 대해 다른 의견을 제시했다. 웬 낙서가 벽에 그려져 있으니 저곳에도 벽화를 해보라는 속 모르는 이야기도 나왔다(김정희, 2008). 암각 벽화는 지금까지 삼덕동에서 진행된 벽화와는 달랐다. 소재주의였기에 군이 삼덕동에서 해야 할 이유도 없었고 일부러 벽을 낡아 보이게 한 혐의에서 벗어나기도 힘들다.

주민들의 참견이 덜한 쉼터 벽에 작업한 것이기에 작가 입장에서는 재량권을 가질 수 있었다. 그러나 마을 벽화는 공간성 속에서 의미를

동전 벽화

갖는다는 것을 배웠다. 다양성이라고 하더라도 이미지가 고립될 경우
에는 적합한지 다시 생각해봐야 한다.

_ 김정희 씨 인터뷰 중에서


동전 벽화는 정말 많은 우여곡절 속에서 만들어졌다. 가로 2m, 세
로 2.5m 정도 되는 벽에 김정희 씨는 동전 벽화를 하고 싶었다. 10원
짜리 동전을 벽 전체에 붙이는 것이었다. 어렵게 벽 주인에게 허락
을 받아냈는데, 돈을 훼손하면 법에 걸린다고 해서 한국은행에 문의
도 했다. 김정희 씨가 보기에 10원짜리 동전은 완벽한 디자인과 내

구성 때문에 더 가공할 필요가 없이 접착용 재료로 벽에 붙이면 간단한 최고의 재료였다.

다른 벽화들에 20만~30만 원이 소요된 것에 비하면, 동전 벽화는 8만 원만 들기 때문에 경제적인 벽화라는 자부심도 컸다. 김정희 씨의 자부심과는 달리 마을 할머니들은 난리가 났다. 돈으로 장난치면 벌 받는다는 할머니들의 야단과 성화에 너무 놀란 김경민 씨는 동전을 다 뜯어내라고 채근도 했지만 끝까지 버텼다. 김정희 씨에겐 너무도 예쁜 벽화였기 때문이다. 마을 할머니를 피해 다녔던 2개월 동안 소동은 잠잠해졌지만 아이들이 하나둘씩 동전을 떼어가면서 이젠 할머니들의 성화와 상관없이 저절로 없어졌다(김정희, 2008).

주민들도 새로운 것에 대한 표현 욕구를 가지고 있다. 다만 다른 사람들을 대신해서 충족하고 있을 뿐이다. 동전 벽화에 대해 동네 주민들은 난리가 났지만, 집주인은 오히려 초연했으며 작업이 끝나자 수고했다며 식사 값을 주시기도 했다. 내심 걱정도 많으셨을 것이다. 동전 벽화가 모두 다 떨어져 나간 후, 그곳에 다시 벽화 작업을 했다. 다른 벽화와 달리 삼덕동에서는 파격적이기는 했는데 마을 사람들 모두 자연스럽게 받아들이더라. 동전 벽화에 너무 놀라서 이 정도 벽화는 아주 자연스럽게 받아들인 것일까?

_ 김정희 씨 인터뷰 중에서

주민들은 관습과 경험에만 의존한다. 그렇기에 익숙하지 않은 것에 과민할 정도로 민감한 반응을 보인다. 주민들에게 타자의 시선이

나 다른 시각을 제시하고, 그것의 가치를 공유하면서 자연스럽게 받
아들이게 하고 싶어지는 마음은 일반적으로 전문가들의 공통된 욕
구다. 주민들의 익숙한 경험에만 맞추는 것이 아니라 주민들에게 새
로운 경험을 하게 하는 것은 어느 정도 필요하다. 그러나 주민들이
새로운 것을 받아들이기 위해서는 완충 과정이 필요하다. 눈앞에 펼
쳐진 결과물로 다가가는 것이 아니라 공론의 과정이 필요한 것이다.

## 삼덕동 벽화의 원칙

삼덕동을 방문하는 사람들은 삼덕동 마을만들기 운동의 지속성에
다들 감탄한다. 그러면서 꼭 한마디를 빼먹지 않는다. "벽화의 완성
도는 떨어지나 훌륭한 마을만들기 사례다."

삼덕동 벽화는 몇 가지 특징이 있다. 첫째, 페인트 중심의 벽화가
없다. 다른 곳의 벽화는 보통 페인트나 물감 같은 것으로 벽면을 채
색했지만, 삼덕동 벽화는 그렇지 않다. 톱밥과 아크릴 물감을 기본
재료로 하면서 병뚜껑, 음료수 캔, 버려진 항아리, 마을 한옥집 지붕
수리할 때 얻은 기와, 겨울이면 골목 귀퉁이에서 모은 연탄재, 깨진
거울, 달걀 껍질 등 거의 다 마을에서 모은 것들과 그것들을 활용한
콜라주가 많다.

둘째, 생활 속에 자연스럽게 묻혀 있어 벽화라는 느낌이 들지 않
는다. 집과 골목과 자연스럽게 어울리면서 생활 속에 묻혀 있다. 생
활 속의 벽화는 공간을 압도하는 것이 아니라 환경의 일부분으로 존
재해야 한다.

셋째, 삼덕동 벽화는 마을 주민들과의 협의로써 이루어진다. 마을

삼덕동 담장 벽화 모습

안에 있는 벽들은 다 주인이 있다. 그래서 벽화를 시작하기 전에 디자인 안에 대해 집주인과 여러 차례 논의한다. 또한 마을 벽화는 개방된 공간에서 하는 작업이며, 작업 과정 중에 이웃과 만나면서 해야 하는 일이기에 시작할 때부터 끝날 때까지 전 과정을 마을 주민들이 다 봄으로써 자연스럽게 작업 과정을 토론한다. 참견도 많다. 집주인에게 내내 시달리는 것이 작가의 팔자기도 하지만, 그래서 작가는 주인의 입장을 좀 더 배려한다. 주민과 작가 간의 교류가 활발해지면서 '질 높은 방향'이 설정되기도 한다. 그렇게 검증을 거친 벽화는 10년이 지나도 나름대로 자랑할 만한 품위를 지니는데, 주민과 공유하는 방식을 찾은 것이다.

넷째, 저예산으로 이루어진다. 벽화 하나에 몇 백만 원의 비용을 들이는 것은 마을에서 환영받을 일도 아니며, 마을만들기 과정으로서가 아닌 프로젝트 중심의 벽화 작업에 머무를 뿐이다. 삼덕동 벽화는 50만 원을 넘어간 적이 없다.

다섯째, 생활공간에서의 벽화는 쉽게 퇴색되지 않는 재료여야 하며, 재료를 선택할 때 한국의 사계절을 반영해야 한다. 삼덕동에 애정을 갖고 계속 주민과 함께할 작가이기에 쉽게 퇴색되거나 손상되는 재료를 사용한다는 것은 상상도 할 수 없는 일이었다.

여섯째, 작가와 자원봉사자가 함께 움직였다. 삼덕동 벽화는 총감독인 김정희 씨의 기획 아래 6~10여 명의 작가들이 참여하는데, 주인이야 항상 참견하는 사람이기에 그렇다고 치더라도 작가만의 작업이 아니라 쉼터 아이들, 마을 아이들, 대구 YMCA 자원봉사자들이 함께 움직였다. 그래서 삼덕동 벽화는 참여한 사람들의 풍부한 이야기가 존재한다.

　일곱째, 오랜 시간을 들여 차근차근 하나씩 했다. 삼덕동 주민은 이웃집 벽화 작업을 보고 난 후 자신의 집에도 벽화가 필요한지를 고민한다. 필요성이 느껴지면 신청하지만 주민이 신청한다고 바로 벽화 작업이 시작되지는 않는다. 예산을 확보해야 가능한데, 그동안 주민은 설렘 속에서 기다린다. 한꺼번에 골목이 변화되는 것이 아니라 한 집 한 집 해를 거듭하면서 변화되는 모습은 우리네 마을의 변화와 속도를 같이한다. 이러한 원칙은 초기부터 설정된 것은 아니며 삼덕동이라는 마을에 걸맞은 방식을 찾아나가면서 경험에서 만들어진 원칙이다.

　　처음에는 벽이 덩그렇게 보이니깐 작업이 필요한 공간으로 인식된 것이고, 돈이 없으니깐 동네에서 재료를 구할 수밖에 없었다. 옆에 목공소가 있었는데 합판을 구하려면 돈을 내야 해서, 톱밥을 주워서 하게 된 것이다. 그렇게 시작하면서 삼덕동에서 가장 효율적인 방식들이 찾아진 것이다. 저비용으로도 얼마든지 좋은 벽화를 만들어낼 수 있다는 자신감도 벽화 작업을 하면서 만들어졌고, 삼덕동 주민들과 공생해야 한다는, 전문가가 아니라 전문성을 가진 마을의 주민이고 싶다는 생각이 주민들과 지속적인 소통을 하게 했다.

_김정희 씨 인터뷰 중에서

　다시 '벽화의 완성도는 떨어지나 훌륭한 마을만들기 사례다'의 완성도에 대해서 이야기해보자.

- 마을만들기 사례로 소개되는 수많은 마을의 벽화들은 어떤 원칙으로 진행되었을까?
- 눈에 보이는 단순히 물리적인 환경 정비에만 치우치지는 않았을까?
- 커다랗고 화려한 벽화나 견고한 조형물에 집중되지는 않았을까?
- 낡았다는 이유로 그 자체의 아름다움을 외면하지는 않았을까?
- 마을 주민들의 기대감과 설렘을 본 적이 있는가?
- 주인이 있는 벽을 공유하는 수고스러움 대신 누구도 관심 없는 벽에만 치우치지는 않았을까?

물론 초기 삼덕동 벽화 역시 즉흥적으로 출발했기에 낯설게 다가오는 벽화도 분명 있다. 그러나 삼덕동 벽화는 마을만들기의 과정이었기에 완성도나 가치는 주민들에 의해서 부여되어야 한다. 따라서 마을만들기라는 관점에서 본다면 "벽화의 완성도는 떨어지나 훌륭한 마을만들기 사례다"라는 말은 옳지 못한 표현이다. 삼덕동 벽화의 완성도에 대한 평가는 작품을 추구하는 작가적 관점이 아니라 마을만들기 운동의 원칙과 방향이라는 관점에서 이루어져야 하기 때문이다.


# 공간의 진화

삼덕동에는 마을 주민들의 일상성과 마을만들기를 고민하는 사람들의 목적성이 자연스럽게 넘나들면서 새로운 활기를 부여해주는 마을 공간들이 있다. 주민 센터 앞 정자목 쉼터나 삼덕초등학교 벽화 연못이 그렇다. 누구나 스쳐 지나가는 곳이지만, 마을 주민들은 그곳에서 위안을 받고 그곳은 마을 주민들에게서 생명력을 얻는다.

그리고 삼덕동에는 마을만들기 센터, 마고재, 빗술미술관, 그리고 녹색가게가 있다. 이곳의 의미는 각별하다. 주민들의 욕구에 바탕을 둔 휴식 공간으로, 아이들의 보육 공간으로, 작업 공간으로, 예술가들의 공방으로 변신을 거듭한다. 마을 축제 때에는 멋진 공연장으로도 탈바꿈한다.

이처럼 삼덕동 마을 공간들은 서로 공존하면서 그 가치를 마을 전체로 확산시킨다. 공간 간의 기능이 유기적으로 연계되면서 필요에 따라 새로운 가치를 부여하고, 새로운 가치에 따라 진화한다. 그래서 삼덕동 마을 공간은 유연하다. 하나의 기능에만 규정되는 것이 아니라 시간에 따라 적절하게 분화되기도 하고 적절하게 통합되기도 한다. 그리고 누구에게나 열려 있다.

### 담장허물기 1호, 마을만들기 센터로

① 김경민 씨 이사 → ② 담장허물기 1호 → ③ 김경민 씨 마을 한옥으로 거주지 이사 → ④ 마을과 아이들(Baby Village) 공간, 일자리 지원 센터로 사용 → ⑤ 마을만들기 센터 운영 → ⑥ 현재 각 층을 다양한 용도로 사용(3층: 마을만들기 센터, 2층: 지역 아동센터, 1층: 마을 주민들 수다 장소, 지하: 창고)

김경민 씨가 처음 삼덕동에 자리를 잡은 201번지의 10년간 변화는 숨 가쁘다. 담장을 허물고 마을만들기 센터 기능을 결합한 후 개인의 사적 공간과 마을만들기 센터 기능이 중첩되면서 보이지 않는

불편함이 나타나기 시작했는데, 이런 여러 가지 이유로 김경민 씨는 인근 한옥으로 이사를 갔고 삼덕동 201번지에는 마을만들기 기능이 집중되었다.

가장 먼저 진행된 것은 유아교육 운동의 필요로 2005년도에 마을 아이들을 대상으로 추진한 '마을과 아이들**'이었다. 김경민 씨가 꿈꾼 것은 이탈리아의 레지오 에밀리아**와 같이 마을이 학교가 되고, 지역사회가 유아교육의 현장이 되는 것이었다. 그러나 1년 만에 프로그램은 중단되었다. 이와 같은 이념을 구현할 교사를 구하기가 힘든 것도 하나의 이유였으며, 뒤늦게 시작해 프로젝트 재계약 조건을 충족하지 못함도 중단의 이유였다.

하지만 마을만들기는 미래세대인 마을 아이들과 함께해야 한다는 모토에는 변함이 없기에 현재 2층은 삼덕동 지역 아동 센터로 운영되고 있다. 일자리 지원 센터는 '마을과 아이들'과 결합된 프로그램이었기에 '마을과 아이들'이 중단되면서 함께 중단된 사업이다. 그러나 일자리 지원 센터가 1년간 진행한 마을 조사는 현재 삼덕동 마

---

* 마을과 아이들(Baby Village)은 전국 10개 지역에서 운영되고 있다. '마을과 아이들'이란 SK와 YMCA가 협력해 여성들을 위한 사회적 일자리를 창출하고, 서민층의 경제적 자립과 안정화를 지원함으로써 행복하고 건강한 마을을 만들어가기 위해 설립된 기관이다. 보육기관과 일자리 지원 센터를 함께 설치 운영하고 있다.
  • 사회적 일자리 창출 사업: 여성들을 위한 사회적 일자리를 창출하고, 이를 통해 각 가정의 경제적 자립과 안정화를 지원함으로써 행복한 사회 만들기와 건강한 공동체성의 회복을 목적으로 한다. 취업 교육, 취업 알선, 가사도우미 사업, 베이비시터 양성 과정 등이 있다.
  • 마을과 아이들 어린이집: 저소득 가정을 위한 최상의 무상보육지원(23가정 선별) 사업으로 자연친화적 환경 속에서 생명과 평화를 소중히 여기는 아이, 고운 심성을 가진 아이, 건강한 아이를 꿈꾸며, 지역과 함께 더불어 크는 공동체 가치를 지향한다.
  • 좀 더 자세한 내용은 홈페이지(http://babyvillage.or.kr) 참조
** 좀 더 자세한 내용은 홈페이지(http://kcct.net/reggio09.php) 참조

지역 아동 센터 내부

을만들기의 기반이 되고 있다.

마을만들기 센터는 2007년 국토해양부의 살고 싶은 도시만들기 지원 사업의 하나로 시작되었다. 삼덕동 마을만들기 센터는 마을 주민의 공간이어야 한다는 원칙 속에서 모든 주민에게 열어놓았다. 그래서 주민들이 시도 때도 없이 드나들며, 오후에는 마을 아이들의 놀이장소가 된다. 쉼터 아이들도 이곳에 모여 회의를 하고 교육도 받으며, 작업 공간으로 사용하기도 한다. 뭔가 정신없이 어수선한 것처럼 느껴지지만 삼덕동 201번지는 어수선함 속에 보이지 않는 질서가 있다. 공간의 기능이 두서없이 바뀌는 것처럼 보이지만, 주민들의 근거지 공간으로서 차근차근 진화해가고 있다.

녹색가게

## 녹색가게에서 피스트레이드(Peace Trade)로

녹색가게는 자원봉사자가 운영하는 물물교환 형식의 재활용가게다. 김경민 씨는 시민사회 삶의 현장에서 내면화되어야 할 가장 시급한 과제를 환경친화적 생활양식이라 판단했고, 골목가꾸기 운동역시 친환경적 골목으로 진행되어야 한다고 생각했다. 이것을 가능하게 하는 운동의 근거지와 인적자원을 형성하기 위해 녹색가게를설정했다. 1999년 '제1회 꾸러기 환경 그림대회'가 개최되던 날, 201번지에 딸린 점포의 녹색가게도 문을 열었다.

한창 잘나갈 때에는 2평 남짓한 가게에 10명의 삼덕동 주부들이돌아가면서 자원봉사를 할 때도 있었다. 사랑방 역할도 톡톡히 해냈

녹색가게 바자회

다. 가끔 가게 안에 있는 물건을 모조리 바깥에 내놓고 녹색가게 바
자회도 열었는데, 가게 앞과 담장을 허문 201번지 마당까지 물건을
펼쳐놓고 음식을 나누면서 신나는 마을 잔치로 탈바꿈시켰다. 담장
을 허문 김경민 씨 마당에서 시작한 마을 잔치는 녹색가게를 거쳐서
빗슬미술관, 마고재로 점차 그 영역을 확장해나갔다(김정희, 2008).
녹색가게가 활성화되면서 아이들을 데리고 오는 주부들을 위해 무
료 시간제 보육 시설인 '애기똥풀 놀이방'이 개설되기도 했다.

    2008년도에 마을 주부들의 사랑방이었던 녹색가게는 변화를 맞
이한다. 변화의 계기는 녹색가게의 침체였으며, 그 원인은 주민들을
대상으로 한 교육의 부재였다. 환경친화적 생활과 커뮤니티의 형성
이라는 의미로 시작했지만, 이와 같은 의미가 자리매김하기 위해서
는 주민들로 구성된 자원봉사자들을 대상으로 녹색가게의 취지와
운영방식 등에 대한 교육이 지속되어야 했다. 그러나 교육의 지속성

애기똥풀 놀이방

이 담보되지 못하면서 서서히 침체되어갔다. 이러한 상태가 계속되
자, 녹색가게의 취지도 살리고 쉼터 아이들의 자립도 도와주면서 마
을 어르신께는 일자리까지 제공하자는 취지로 공간의 기능을 재정
립했다.

　과거에는 학교생활의 억압으로 가출하는 빈도가 높았기 때문에
아이들을 잘 다독여서 학교로 복귀시키는 것이 주된 관심사였지만,
최근에는 가정 해체 및 가정 폭력에 기인한 가출의 빈도가 높아지면
서 학교로 복귀하는 것은 하나의 대안일 뿐, 더욱 절실한 것은 독립
세대를 구성하게 하는 것이다. 물론 규범과 규율을 지키는 일에 너

무나 서투른 가출 청소년을 대상으로 일자리 사업을 하는 것이 얼마나 무모한지 우려도 있었지만, 건강한 노동을 하는 시민이 되게 하는 방안을 고민하면서 가출 청소년과 여성 가장을 중심으로 예비 사회적 기업인 피스트레이드를 만들었다.

가출 청소년, 여성 가장, 마을 노인 등 총 13명이 피스트레이드를 운영하면서 공정무역 상품인 커피나 옷을 팔기도 하고 도자기나 화분도 만들어냈다. 게다가 아이들의 일자리, 마을 일자리를 고민한 결과로 노동부로부터 3년간 임금 지원을 받았다.

녹색가게 옆에는 희망자전거 제작소가 자리를 잡았다. 2008년 9월 대구 YMCA, 대구도시가스(주), 대구시가 공동 기획한 기업 연계형 사회적 일자리 사업인 희망자전거 제작소는 방치된 자전거 재생 및 예술 자전거 제작을 한다. 이 중에 방치 자전거 수리 센터 및 조립 공장이 녹색가게 옆 점포에서 운영 중이다.

**가출 청소년 쉼터에서 청소년 평화나눔 센터로**

1997년 봄 삼덕동에 자리를 잡은 가출 청소년 쉼터인 '청소년 평화마을'은 대구시 위탁 사업과 결합하면서 그해 11월 '대구광역시 가출 청소년 쉼터'로 명칭을 변경하고 남녀 통합형 단기 쉼터로 공식 활동을 시작한다. 쉼터는 2001년 대구시 정책에 따라 남녀 통합형에서 여자 청소년 쉼터로 성격이 변화되었다가 결국 2008년에 삼덕동을 떠났다.

'청소년 One-Stop 지원 서비스'를 표방하는 대구시 청소년 종합 지원 센터의 설립에 따라 대구시가 100% 출연한 청소년 재단으로

청소년 평화나눔 센터 외부

쉼터의 운영 주체가 바뀌면서 삼덕동 가출 청소년 쉼터는 도심 상업
지역으로 이전했고, 삼덕동에서 가출 청소년 쉼터의 시대는 끝이 났
다. 그러나 삼덕동은 가출 청소년에 대한 관심의 끈을 놓지 않았다.
마을의 건강함 속에서 청소년들을 보살펴야 한다는 가치는 여전히
유효하기 때문에 가출 청소년 쉼터를 청소년 평화나눔 센터로 변경
해 운영 중이다.

　쉼터가 보호하지 못하는 가출 청소년을 찾아내고 지원하는 시스
템 구축이 중심 과제인데, 주요 역할은 청소년들의 인권 및 복지를
위한 상담과 예비 사회적 기업을 통한 가출 청소년 일자리 지원이

다. 즉, 새로운 형태의 가출 청소년 지원기관을 실험적으로 발족했다. 삼덕동의 또 다른 쉼터인 '대구광역시 중장기 청소년 쉼터'는 2005년 삼덕동 인근 동인동에서 전셋집을 구해 시작된 쉼터다. 단기 쉼터는 보호기간이 3개월이며 주요 기능이 임시 숙소 제공이지만, 중장기 쉼터는 가정 해체, 폭력 가정, 빈곤 가정 등의 구조적 이유로 돌아갈 가정이 없는 청소년 중 독립세대 구성에 대한 의지와 준비에 동의하는 청소년을 대상으로 최대 2년까지 지원한다.

## 생활과 예술의 일체화-빗슬미술관

삼덕동에 원룸 바람이 불면서 가장 많이 사라진 집은 적산가옥이다. 일제 시대 때 일본인들의 집단 주거지였기에 적산가옥이 그나마 남아 있던 마을이지만, 원룸 바람이 불면서 '오래되고, 낡고, 일제의 잔재'라는 이유로 가장 먼저 흔적도 없이 사라졌다. 삼덕동에 이사 오자마자 적산가옥의 이색적이면서 독특한 경관에 감탄을 금치 못했던 김경민 씨에게 방치한 채 사용하지 않는 적산가옥 한 채가 눈에 들어온 것은 어쩌면 당연한 일인지도 모른다.

1930년대에 지어진 삼덕초등학교 교장 관사는 교육청이나 학교 측에서 당직 교사가 잠도 자면서 관리를 하려고 노력했지만 쉽지 않은 듯이 보였다. 이에 김경민 씨는 1년간 교장 관사와 관계된 거의 모든 사람들을 만나서 협의를 거듭한 끝에 2000년 봄 사용 허락을 받아냈다. 그 후 수리비 4,000만 원으로 담장을 허물고 6개월이 넘는 보수 작업을 거쳐 빗슬미술관을 조촐하게 개관했다.

빗슬미술관이란 이름은 빗살무늬토기가 생활용품이면서 예술품

위) 수리 전 빗솔미술관 외부, 가운데), 아래) 수리 전 빗솔미술관 내부

수리 후 빗슬미술관

정크아트박스 진행모습

이었던 것처럼 문화와 예술이 삶의 현장과 생활을 통해 만나야 한다
는 생각을 담아 지은 것이다. 현재 빗술미술관은 각종 전시와 꾸러
기 환경 그림대회 장소, 인형마임축제 공연장 등 삼덕동 마을만들기
운동 전반의 중요한 문화적 근거지가 되고 있다.

　그러나 수익이 발생하는 사업은 빗술미술관에서 개최할 수 없다
는 계약 조건 때문에 축제 및 공연 외에는 일상적이고 지속적인 사
용 프로그램을 만들 수가 없었다. 도깨비 작업장이라는 이름으로 마
을 주민의 공동 공방으로 활용할 방안도 모색했지만, 이 역시 어느
정도 비용을 마련하지 않으면 지속시키기가 어렵기 때문에 포기했
다. 새로운 활력은 생활 속의 잡동사니나 망가진 기계 부품 따위를
이용해 만드는 정크아트박스(Junk Art Box)에서 시작됐다.

　프로젝트 사업으로 자전거 부품이나 재료를 모아 마을 아이들과
예술품을 만드는 프로그램이었는데, 프로젝트가 끝나면서 중단되었
다가 자연스럽게 희망자전거 제작소 예술팀과 결합되었다. 희망자
전거 제작소 예술팀은 빗술미술관에서 기상천외한 자전거들을 끊
임없이 디자인하고 생산해냈다. 삼덕동에 새로운 명물이 탄생하기
시작한 것이다. 그러나 희망자전거 제작소 예술팀의 작업장으로 활
용되면서 본래의 취지인 주민들이 자유롭게 사용하는 공간으로서는
제약이 생길 수밖에 없었기에 2009년 12월 희망자전거 제작소는 대
구 YMCA로 옮겨 가고 현재는 다른 용도를 구상 중이다.

　무상으로 사용했던 미술관은 2007년 하반기부터 월세를 납부하
고 있다. 재개발 추진위원회가 미술관의 무상 사용은 불공평하다며
자신들도 사용하고 싶으니 공개 입찰 절차를 밟아달라고 요구했기

때문이다. 중구청과 교육청의 관련 규정에 대한 기계적인 적용과 맞물려 미술관은 끝내 공개 입찰 절차를 밟았고, 대구 YMCA도 입찰에 참여해 현재 매달 100만 원의 월세를 지불하면서 미술관을 사용하고 있다. 수익 구조가 전혀 없는 공간에 대한 월세 100만 원은 삼덕동 마을만들기 운동에 큰 부담으로 작용하고 있는 것도 사실이다. 그렇지만 이미 마을 공동체 공간의 중핵 공간인 미술관을 포기하기도 쉽지 않다. 재개발 문제가 수그러진 현재까지 공개 입찰을 통해서만 주민이 사용할 수 있다고 고집스럽게 주장하는 교육청의 입장이 안타까울 따름이다.

**일상과 비일상의 공존-마고재**

식당으로 사용되던 100여 평의 한옥이 경매에 붙여져 원룸 업자에게 넘어갈 것이라는 소식에 덜컥 매입해버린 마고재는 김경민 씨 개인적으로 애정이 많이 가는 공간이다. 하지만 혼자 힘으로 비용을 감당하고 갚아나가는 과정은 쉽지 않았다. 그럼에도 매입한 이곳을 개인 용도로 사용하지 않고 마을의 공동 공간으로 활용하고 있다. 적산가옥인 빗슬미술관과 한옥인 마고재가 골목을 마주 보고 나란히 앉아 마을 공동체 공간이 된 지금의 모습이 참 아름답다.

초기에는 어떤 용도로 사용할지를 명확하게 설정하지 않았다. 비워두면 마을 주민들이 부담 없이 사용할 것이라는 믿음이 있어 그대로 내버려두었는데, 난리도 아니었다. 마을 아이들이 창문에 구멍을 내고, 낙서를 하고, 황당한 일을 저지르자 허물어버린 담장을 다시 쌓을까 하는 생각까지 할 정도였다. 그러나 시간이 지나면서 저절로

삼덕보리밥 집

마고재 조성 후 모습

마고재 조성 후 모습

사랑채 조성

무대와 삼덕이

조절되었다. 마을 남자들이 저녁에 모여서 백숙도 해 먹고, 새로 만
든 사랑채에 이불도 알아서 가져다 놓고, 청소도 하는 등 조절기간
을 거치고 나니 주민들이 주인이 되었다.

　낮에는 마을 아이들이 마당에서 뛰어놀고, 저녁에는 마을 남자들
이 와서 두런두런 노닥거린다. 그렇게 마을 주민들이 잘 놀다 가는
장소가 되었다. 겉모습이 엉성하다고, 때로는 아무도 없다고 주인까
지 없다고 생각하면 오산이다. 그곳을 얼마나 많은 사람이 자신의 공
간처럼 사용하는지를 봐야 한다. 5년의 세월 동안 삼덕동 마고재에

놀이 모습

는 눈에 보이지 않는 강력한 관리가 존재하고 있었다(김은희, 2006).

삼덕동 아이들의 놀이 공간, 남자들의 모임 공간이었던 마고재의 기능이 전환된 것은 2006년 제1회 삼덕동 인형마임축제와 결합되면서다. 축제 기간에 마고재 본채는 공연무대로, 마당은 관객석으로 변화되면서 멋진 공연장으로 자리매김했고, 제2회 축제 때는 기와지붕에 커다란 인형을 눕혀놓으면서 축제 분위기를 한껏 고조시켰다. 삼덕동 인형마임축제를 통한 마고재 기능의 재발견은 마당에 소박한 공동체 극장[김경민 씨는 꼭 공동체 극장(Community Theatre)으로 불러달란다]을 조성하는 것으로 연결된다. 무대는 있는 듯 없는 듯 벽돌 두 단으로 쌓아올렸고, 무대 배경의 허전함에 대나무를 심는 등 작은 조경공사가 시작되었다. 눈에 보이지 않는 무대 뒷면에는 작은 비오톱을 만들어 생물의 서식처로 만들었다. 아트바이크 제작팀이 만든 자전거 보관대 삼덕이도 무대로 옮겨왔다.

　일상적 장소와 비일상적 축제 장소가 공존하기 위해서는 공간에 대한 유연한 사고가 필요하며, 마을의 공유 공간은 일상성과 비일상성이 분리되지 않는다. 마고재는 마을 공간의 유연성이 무엇인지를 보여준다.

## 어린이 이동도서관-용용이

　삼덕동에는 아이들을 위한 공간이 전무했다. 과거에는 마을 자체가 아이들의 놀이터였지만 자동차의 홍수 속에서 아이들은 마을 골목에서 밀려났다. 아이들에게 즐겁고 편안한 마을 도서관을 만들어주고 싶었던 김경민 씨는 주민 센터를 방문해 주민자치 센터 2층의 사용방안을 상의했지만 동의를 얻지 못했다.

　당시 우연한 계기로 만난 대명교통이라는 버스회사 사장과의 대화 속에서 10년이 된 버스 한 대를 기증받기로 했다. 그는 고물로 팔면 200만 원은 너끈히 받을 수 있는 버스임에도 삼덕동 마을 이야기를 듣고 흔쾌히 기증을 약속했다(그런데 버스 기증은 서류가 너무 복잡해서 10원에 구입했다고 한다. 세무서 공무원이 황당해서 몇 번 불려가기도 했단다). 버스를 구입하기는 했지만 막상 달리는 이동도서관을 만들기 위한 수리 비용이 마련되지 않아 여건이 될 때마다 조금씩 변화를 꾀했다. 장기 프로젝트였던 셈이다.

위), 아래) 코코버스 외부

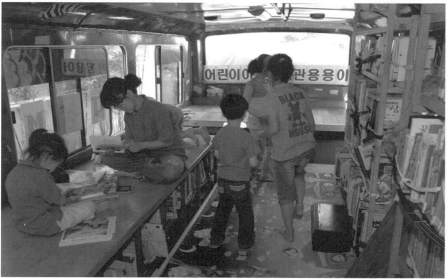

위) 용용이로 변화, 아래) 용용이 내부

처음의 코코버스라는 이름은 버스 외관을 코끼리 모양으로 디자인해서 붙여진 이름이었다. 그러나 버스 외관에 설치한 조형물이 관련 법규에 위배된다는 통지를 받아 다시금 디자인한 모습이 용을 형상화한 현재의 모습이며, 이름도 '용용이'로 개명했다. 용용이는 아이들의·아낌없는 사랑을 받았다. 외관이나 내부 모두 아이들의 호기심을 충족시키기에 충분했기 때문에 초기 의도처럼 책을 읽는 아이들은 많지 않았지만 멋진 놀이터로서 손색이 없었다. 또 인형마임축제 때마다 공연장으로, 퍼레이드의 선두주자로 활약하고 있다.

초기에는 주차장이 없어서 신천 옆에 세워두어 수시로 주차위반 딱지를 떼이다가 빗슬미술관 뒤편에 주차장을 만들면서 옮겨왔다. 용용이와 함께 자란 삼덕동 아이들에게는 그들의 일상 공간이었던 용용이에 대한 기억이 크게 자리를 잡고 있다. 아이들에게 아주 친밀한 일상적 공간이었기 때문에 더욱 그렇다. 아이들의 공간을 만들어낸다는 것, 마을만들기는 미래세대에 대한 깊은 애정이다.

## 의미는 실천을 통해 인식에 도달한다

삼덕동 공간의 변화는 세월의 흐름 속에서, 마을만들기 운동의 진지한 성찰과 고민 속에서 변화되어갔다. 멀리 달려나가려는 목적이 아니라 현재성에 주목하면서 한발 앞서 나가는 공간 전략을 갖고 있다. 주민들의 변화와 욕구가 마을만들기 운동과 연계되면서 공간은 저 혼자 진화하지 않고 주민과 함께하면서 마을의 공공성을 높여갔다. 공공성의 확대를 통해 마을은 인간적으로, 주민은 참여적이고 협동적으로 변화되었다.

삼덕동 마을만들기에서 공공 디자인은 관계를 만들기 위한 과정이었다. 작품은 작가를 대표하며, 작가의 실력이나 예술성을 반영한다. 그러나 마을만들기는 주민의 삶의 형태와 욕구를 반영해야 하며 작가는 이것을 외화시키는 매개체다. 그렇기에 삼덕동에서 담장허물기나 벽화는 독립적이지 않았다. 주변 환경과 이웃의 관계 속에 녹아 있을 뿐이다. 또한 사용자 중심의 공간 디자인이기에 완결성을 띠지 않고, 열린 디자인을 추구하며, 순환구조를 이룬다. 요구를 읽고 설계하고 시공하고, 사용하면서 다시 읽어 들어가는, 수정과 재수정을 반복하는 순환구조다. 그러면서 마을과 주민들의 내면을 읽는다.

삼덕동의 변화는 마을읽기를 충분히 했기에 가능했다. 주민 센터에 정자목 쉼터가 만들어지고, 그곳에 평상 하나를 놓는 데 10년이 걸렸다. 이 또한 끊임없이 관찰했기에 가능한 일이다. 관찰하면서 새로운 방안이 모색되고, 그것을 실행할 비용이 생기면 시도한다. 그래서 삼덕동의 변화는 급격하지 않고 자연스럽게 삶에 녹아들어 갔다.

담장허물기 역시 공간의 진화와 같이한다. 담을 허물었던 마당에서 삼덕동 아이들의 꾸러기 환경 그림대회를 개최하고, 마을 어르신을 초청해서 잔치를 열었다. 연결된 빈 점포를 녹색가게로 탈바꿈시켜 마을 소통 공간으로 만들었다. 마고재와 빗슬미술관 역시 해를 거듭하면서 새롭게 기능이 전환되었다. 참여적이고 협동적인 삶을 가능하게 하기 위해서는 공동체의 욕망을 안아줄 공간이 필요한데, 미술관과 마고재는 숨 막힐 듯이 사적 공간의 탐욕으로 가득 찬 도시 안에 공동체의 틈새를 열어주었다.

의미는 머릿속에 있는 추상화된 단어가 아니다. 의미는 끊임없는 실천 속에서 재해석된다. 재해석되는 과정을 거치면서 비로소 인식에 도달한다는 것을 삼덕동에서 배운다.

재개발에 대한 반대 운동은 상상을 초월할 정도의 치열함과 에너지를 필요로 한다. 모든 것을 포기하고 반대 운동에만 열중하더라도 재개발을 이겨낼 수 있을 거라는 기대를 하기는 쉽지 않다. 그러나 삼덕동 마을만들기는 치열한 재개발 반대 운동을 진행하면서도 일상적 활동을 놓지 않았다. 치열하게 대응해야 할 사안이 발생했을 때, 마을만들기 운동은 이에 대해 적극적으로 대응해야 한다. 그러면서도 일상성을 잃지 말아야 한다. 싸우면서 일하고 일하면서 싸워야 하는 것이 마을만들기 운동이다.

# 삼덕동에 불어온 재개발 바람

담장허물기에서 출발한 삼덕동 마을만들기 운동은 김경민 씨에게
참 행복한 운동이었다. 벽화도 그리고 꾸러기 환경그림 대회도 열고
마을 잔치도 벌이면서 마을과 만나는 경험은 새로웠고, 주민과 함께하
는 일들은 하나하나가 즐거운 경험이었다. 치열한 이슈 투쟁으로 점철
되는 시민운동가에게 삼덕동은 즐거운 놀이터였고, 마을 주민들도 마
을에서 벌어지는 아기자기한 프로그램들을 재미있게 즐겼다. 간혹 마
을에서 벌어지는 엉뚱한 일들을 의심의 눈초리로 바라보는 주민도 있
었고 대구 YMCA가 삼덕동을 다 사버리려고 한다는 뜬금없는 소문도
생겼지만, 전체적으로 주민들은 마을이 예쁘게 꾸며지고 아이들이 즐
거워하는 모습을 보면서 하나둘 마을만들기 운동에 관심을 보였고 참
여의 발길도 늘어났다. 모든 것이 자유롭고 여유로웠으며 느슨했다.
　그러나 삼덕동 마을만들기 운동은 원룸 바람과 재개발 사태를 만
나면서 긴박해지기 시작했다. 특히 재개발은 마을을 깡그리 없앨 기
세였다. '담장허물기 운동의 발상지'라든가 '공동체 문화가 숨 쉬는
살기 좋은 마을'이라는 등의 사회적 관심은 재개발 상황과 직면했을
때 아무런 방어막이 되지 못했다. 자유롭고 여유로웠던 삼덕동에 엄
청난 폭풍이 몰아치기 시작했다.

## 낮게 불어온 원룸 바람

1990년대 중반부터 우리 사회에 원룸이라는 새로운 주거 형태가
본격적으로 선을 보였다. 원룸 바람은 대구에서도 강력하게 불기 시

원룸 건설을 위해 철거되는 집들

삼덕동에 걸린 원룸 반대 현수막

작했으며, 2000년부터 상대적으로 지가가 낮은 삼덕동에도 원룸 업자들이 드나들기 시작하면서 적산가옥이나 오래된 집, 한옥이 하나둘 원룸으로 바뀌기 시작했다. 김경민 씨는 예쁜 집들이 헐려나가고 원룸과 같은 패턴화된 주거 공간이 들어오는 것에 동의하기가 쉽지 않았다. 원룸이라는 새로운 공간 패턴이 느릿느릿 예쁘게 변화하는 삼덕동의 인간적인 냄새를 지워버리는 것 같아 성이 나기도 했다.

일반적으로 원룸은 익명성이 전제되기 때문에 마을과 소통하는

데 무심하다. 원룸이 늘어나면서 삼덕동 공간의 지속성에 대한 김경민 씨의 걱정도 늘어났다. 원룸이 늘어나면서 주차와 쓰레기 문제 등으로 차분하고 안정된 삼덕동 주민 공동체나 마을 분위기에 부정적 영향을 미치는 일들도 조금씩 생겨나기 시작했고, 눈에 보이는 문제들이 생겨나자 마을 주민들도 하나둘 김경민 씨의 문제의식에 동의하고 나섰다. 원룸은 잠만 자는, 혹은 소비하는 공간으로서만 존재할 뿐, 마을이라는 환경에 대한 존재감이 전혀 없어서 주차나 쓰레기, 범죄 등 마을 관리나 마을 분위기에 부정적인 영향을 끼칠 것이라는 우려가 점점 힘을 얻어갔다.

2003년 대구 YMCA, 청소년 쉼터, 삼덕동 방위협의회, 삼덕동 주민자치위원회, 삼덕동 새마을부녀회 등 15개가 넘는 마을 내 단체가 함께 모여 원룸 반대 캠페인을 벌였고, 중구청도 원룸 문제를 행정적으로 진지하게 다루기 시작했다. 원룸 반대 운동은 대구 YMCA가 삼덕동에서 나름대로의 리더십을 구축하는 계기가 되었다. 마을의 주요 사안에 참여하면서 마을 주민들은 대구 YMCA를 잘 활용하면 마을에서 벌어지는 민원이나 어려움에 효과적으로 대응할 수 있다는 것을 알게 되었다. 이후 벌어지는 재개발 논란에 대구 YMCA가 중심이 될 수 있었던 것은 원룸 반대 운동 과정에서 보여준 리더십과 신뢰가 중요하게 작용했기 때문이다.

삼덕동에 불어닥친 원룸 바람은 30여 개의 원룸을 남기고 잦아들었다. 주민의 반대도 있었지만 원룸 바람이 강력하지 못했던 이유는 이미 주택 공급 과잉으로 원룸 공실률이 많아졌기 때문이다. 그러나 재개발 시점에서 원룸 반대 운동을 되돌아보면 원룸 반대 운동의 정

원룸 반대 주민 모임

삼덕동에 원룸이 들어선 모습

당성은 그리 높아 보이지 않는다. 마을 경관을 해친다든가, 수익률에 집착한 건축주의 욕심이 만들어내는 문제가 없는 것은 아니지만, 도시 공간을 환금성 높은 상품 가치로만 이해하는 한국적 상황에서 너무나 당연한 행태가 아닌가 하는 생각도 부정할 수 없다.

원룸 반대에 적극적이었던 주민 중 일부는 원룸이 들어오면 재개발 추진에 큰 장애가 될 수 있다는 계산도 깔려 있었다고 보인다. 원룸이 들어서면 재개발 예정 구역을 지정하는 데 필요한 노후율이 떨어진다는 점을 우려한 것이다. 원룸 문제로 토닥거리는 동안 삼덕동에는 '재개발'이라는 강력한 광풍이 불어닥칠 준비를 하고 있었다.

## 광풍으로 몰아친 재개발

삶을 통해 형성된 공간은 물리적 공간을 넘어 문화이자 역사이며 정신이다. 그러나 한국 사회는 급속한 도시화에 대응하기 위해 주택의 양적 공급과 주거지의 물리적 환경 개선 중심으로 도시 정비 사업을 수행해왔다. 주거지 정비 사업이 공공과 기업의 성장 연합을 통한 전면 철거형 개발 방식으로 정형화되면서, 주거의 물리적 환경 개선과 양적 공급은 일정한 성과를 이루었으나 마을을 통해 축적된 사회적·문화적 자원을 비롯한 고유한 장소성은 파괴되었다. 공동체 및 커뮤니티 비즈니스 기반의 해체, 마을 거주 주민 이탈의 구조화 등 현재의 주류적 개발 모델은 수많은 근본 문제를 안고 있으며 공간의 물리적 개선과 부동산으로 발생하는 이익에만 치중하면서 '누구를 위한 개발인가?'라는 문제제기도 심화되었다.

**재개발 바람, 삼덕동에 들어오다**

2005년 말부터 재개발 예정 구역에 삼덕동이 포함될 것 같다는 소식을 비공식적으로 접한 김경민 씨는 2006년 삼덕동 인형마임축제 조직위원회 구성을 통해 주민 조직을 만들고 인형마임축제 개최를 계기로 마을 여론을 키워나가면서 조심스럽게 여론의 동향을 살펴보았다. 그러나 재개발 추진 세력은 재개발 예정 구역으로 포함할지 여부를 놓고 갑론을박하던 삼덕동을 성공적으로 재개발 예정 구역에 포함하면서 예정 구역 발표 전부터 치밀하게 재개발 추진위원회 설립을 준비하고 있었다. 정비업체와 시공사, 설계회사까지 은밀히 내정하고 추진위원장, 감사, 임원 등도 미리 정해 놓은 상태였다.

2006년 6월 중순, 대구시장은 163곳의 재개발 예정 구역을 고시했는데, 삼덕동은 두 개의 구역이 재개발 예정 구역으로 고시되었다. 재개발 예정 구역으로 고시된 유일한 이유는 노후율이 50%를 조

삼덕동 재개발 예정 구역

금 넘었다는 점뿐이다. 이상한 것은 고시한 두 곳 중 한 곳은 노후율이 50%를 넘지 않는다(2구역). 또 한 곳인 마고재가 포함된 신천 주변 구역은 노후율 53%로, 7층 이상의 건축이 제한되는 최고 고도지구에 면적의 절반 정도가 물려 있다(1구역). 1구역만 재개발하면 절대 수익성을 담보할 수 없기 때문에 예정 구역에는 노후율이 50%가 되지 않는 2구역이 더 추가된 것이다. 확인 결과 두 구역에 한 개의 추진위원회를 설립한 후 중구청장의 동의를 얻으면 2구역도 재개발할 수 있다는 단서가 붙어 있었다. 재개발 추진을 위해 멀쩡한 마을을 재개발하도록 억지로 짜 맞춘 예정 구역 고시라는 의심을 떨쳐버릴 수 없었다. 인형마임축제가 끝나면서 삼덕동이 재개발 예정 구역으로 고시되자 조용하던 마을이 술렁거리기 시작했다.

추진위원회의 바람은 생각보다 거셌고, 재개발에 우호적인 단체나 주민들도 속속 나타나기 시작했으며, 추진위원회는 일사천리로 주민들에게 추진위원회 설립 동의서와 인감증명서까지 받아내면서 속도감 있게 일을 진행해나갔다. 추진위원회, 정비업체, 시공사는 여느 재개발 지역에서처럼 장밋빛 청사진과 무료 관광으로 마을 분위기를 몰아갔다. 재개발에 대한 정확한 정보제공 없이 "헌 집 다오, 새 집 줄게"를 외치며 마을 어르신부터 현혹해 들어가기 시작했다.

마을은 그야말로 잔치 분위기였다. 추진위원회 설립 동의서, 정비구역 지정 동의서, 조합 설립 동의서와 인감증명서를 한꺼번에 받기 위해 미모의 도우미들이 마을 구석구석을 돌아다녔고, 마을 술집과 음식점은 때 아닌 특수로 들떠 있었다. 2종 일반 주거지역이고 신천 주변 100m 이내의 건축이 7층 이하로 제한되는 최고 고도지구이기에 재개발 사업 수익성에 문제가 있다는 주장 등 여러 우려의 목소리는 정비 구역으로 지정만 되면 무조건 해결될 수 있다는 이야기에 묻혀버렸다. 정비 구역 지정 후에는 3종으로 바꾸고 최고 고도지구도 풀 수 있다고 자신 있게 주장했다. '시장과 합의가 끝났다'라든가 구청장이 우리 편이라는 등의 유언비어가 모든 억측을 가능하게 하는 전제로 사용되었다. 심지어는 대통령 이름도 거론되었다.

## 재개발, 맞설 수 있을까

삼덕동에 재개발 바람이 불어오면서 김경민 씨는 백방으로 도움을 요청하고 다녔다. 발 벗고 나서서 싸울 생각은 이미 했지만, 어떤 방법으로 어떻게 맞서야 하는지는 전혀 알 수 없었기에 누구의 도움이라도 필요했다. 당위적인 이야기가 아니라 실제 맞설 수 있는 방법이나 지원이 필요했다. 그러나 누구도 삼덕동 재개발 바람에 관심을 보이지 않았다.

전문가들은 갑자기 삼덕동은 끝났다고 외치고 다니기 시작했다. 삼덕동은 김경민 씨, 마을만들기 운동을 함께했던 예술가, 그리고 재개발을 반대하는 주민들만의 문제로 고립되었다. 유일하게 서울의 시민 단체인 '걷고싶은도시만들기시민연대(약칭: 도시연대)'만 진지하게 대안 모색과 삼덕동을 지키기 위해 동분서주하면서 지속적인 관심을 표현했다.

대구시와 중구청을 비롯한 많은 기관과 사람들에게도 삼덕동은 갑자기 귀찮은 애물단지로 전락해버렸다. 유일한 대안은 강력한 자구 노력밖에 없었는데, 그것은 결국 삼덕동을 지키고자 원하는 소수의 사람들과 함께 재개발에서 마을을 지키는 싸움 속으로 무작정 뛰어드는 것이었다. 재개발은 자본을 기반으로 한 시공사와 고립된 마을의 주민이 벌이는 조직력 싸움이다. 시공사는 자본의 힘으로 전문성과 조직을 다 구매할 수 있고 행정력도 효과적으로 활용한다. 「도시 및 주거환경정비법」이 규정한 기계적인 절차법만으로는 주민의 이익이나 의견을 절대 반영할 수 없으며, 현 재개발 방식은 결국 거주 계층 치환 프로그램이자 취약 지역 주민을 대상으로 한 수탈 프로그램이라는 한계를 결코 넘어설 수 없다.

시공사의 자본력에 대항하는 조직력 싸움은 숨이 찼다. 거대한 성장 연합의 중심인 시공사와 고립된 마을의 싸움은 계란으로 바위치기처럼 느껴졌다. 법적 절차를 기계적으로 달성하기 위한 전방위적

인 압박과 비정한 게임의 논리가 일상적으로 작동하면서 매일 웃으
며 인사하던 주민이 갑자기 찬성과 반대로 나누어져 눈에 핏발을 세
우고 싸늘하게 등을 돌렸다.

　　재개발 저지에 발 벗고 나설 생각이었지만 워낙 재개발 바람이 드
세서 솔직히 자신이 없었다. 건설회사가 개입하고 토호 세력이 가세
하고 그 외 관련 행정이나 기관까지 끼어 있는 상황에서 저항력이 얼
마나 될지, 나름대로의 우리 네트워크가 얼마나 갈 수 있는지 예측하
기가 힘들었다.

_ 김경민 씨 인터뷰 중에서

## 추진위원회 설립총회와 재개발 반대 운동의 공식화

　　2006년 7월경 재개발 주민 설명회 개최 후 현 재개발 추진위원회
활동과 재개발 사업 방식에 대해 우려의 목소리가 조심스럽게 나오
기 시작했다. 찬성이나 반대 의견을 표방하지 않고 추이를 관망하는
주민들도 동의서 서명과 인감증명서 제출을 보류하면서 삼덕동 재
개발 문제를 어떻게 판단해야 하는지 고민하기 시작했다.

　　7월 말 정비업체, 설계회사, 시공사 선정 등의 주요 안건을 다루는
추진위원회 총회 개최가 공고되면서 마을에 거주하는 몇 명의 건축
사와 마을 어른, 마을 유지가 참여하는 비공개 회의가 열렸다. 현재
의 추진위원회 구성, 정비업체와의 계약 조건, 지역 내 아파트 공급
과잉 등 진지하게 검토해야 할 문제가 많다는 점이 모임의 개최 동
기였다. 모인 사람들은 삼덕동 재개발 구역 내 '토지 등 소유자'인데,

마을에서 지속적인 활동을 펼치던 김경민 씨에게도 연락을 취했다. 10여 명이 모인 첫 모임에서 내린 잠정적인 결론은 현재와 같은 재개발 방식은 위험하다는 것이었다. 이미 대구는 주택 공급 과잉 상태라는 점, 분양이 되지 않았을 때 주민(조합)이 책임을 져야 한다는 점, 정비업체나 시공사와 맺는 계약 과정에서 나타난 투명성 등이 문제였다. 첫 모임은 이런 문제에 대해 추진위원회가 분명한 답을 제시할 것을 요구하기로 했다.

　최초의 임시 모임에서 '삼덕동 재개발의 타당성과 투명성을 우려하는 주민 모임'으로 명칭을 정하고, 추진위원회에 대한 공개 질의서를 제작해 주민들에게 배포했다. 본격적인 주민대응이 시작된 것이다. 추진위원회의 총회 전 '삼덕동 재개발의 타당성과 투명성을 우려하는 주민 모임'이 주관한 최초의 주민 설명회가 마고재에서 열렸다. 100명이 넘는 주민이 마고재 마당에 모였는데, 마을에 거주하는 건축가들의 전문적인 설명과 주민의 질의, 의견발표 등으로 설명회는 시간이 갈수록 뜨겁게 달아올랐다. 추진위원회 측 사람들도 마고재 주변에서 설명회 동향을 예의주시하며 부산하게 움직였다. 설명회에서는 현재와 같은 상황에서 재개발은 수익률이 낮고 주택 공급 과잉으로 위험부담이 높다는 점, 정비업체나 시공사와의 제반 계약은 투명하고 공개적이어야 한다는 점, 시공사 선정 등의 핵심 안건이 다루어지는 총회는 신중한 검토 뒤에 개최되어야 한다는 점 등이 제기되었다. '삼덕동 재개발의 타당성과 투명성을 우려하는 주민 모임'은 이런 의견을 총회 전에 주민들에게 알리고, 추진위원회의 의견을 듣기 위해 '공개 질의서'를 만들어 추진위원회 사무실에 발송했다.

삼덕동 재개발에 대한 찬성과 반대는 치열했다. 찬성하는 주민 중에는 우선 부재 지주가 많았다. 잘못된 정보로 '헌 집 주면 새 집 주는 줄' 아는 주민들도 상당했다. 부동산 불패 신화에 세뇌된 일부 어르신의 '재개발 떼돈!'이란 맹신은 어떤 설명으로도 설득이 불가능했다. 재개발 과정의 거대한 이권을 두고 사업상 주판알을 튕겨보는 사람들도 상당히 있었다.

반대 측 주민의 이유도 다양했다. 삼덕동에서 태어나 3대를 살아온 어르신은 자식들의 고향을 지키고 싶어했다. 원룸주인의 경우 대출을 받아 투자를 한 상태에서 세를 받아 살아야 하기 때문에 반대 의견이 많았다. 소규모 건물을 소유한 자영업자에게는 청천벽력이었다. 1층은 구멍가게로, 2층은 전세로, 3층은 거주지로 지금까지 잘 살아왔는데, 재개발이 되면 일자리와 안정적인 임대 수입, 그리고 주거 문제까지 어떤 것도 보장되지 않기 때문이다. 대부분 30~35평의 토지소유자인 마을 노인도 반대를 많이 했다. 재개발을 하면 입주권을 받더라도 추가 부담금을 낼 여력이 없어 결국 마을을 떠나야 하기 때문이다.

각자 찬성과 반대의 입장이 마을에서 치열하게 부딪치는 가운데 재개발 추진위원회 설립총회가 개최되었다. 정말 살벌한 진풍경이었다. 총회장에는 정비업체에서 고용한 경비용역업체 직원들이 질서 정연하게 배치되어 있었고, 정비업체 사장이 사회를 보면서 일사천리로 회의를 진행하려고 만반의 준비를 갖추고 있었다. 그러나 요식행위로 준비된 총회는 반대편 주민의 질문과 대안 요구로 소란해지기 시작했고, 무리한 진행은 안건 결정에 절차상 하자를 만들기도 했다. 재개발 방식에 대한 비판적 질문이나 대안 요구는 일방적으로 무시되었고, 일부 안건은 미리 받아둔 서면 투표로 쉽게 통과되었지만, 주요 안건의 통과는 쉽지 않았다.

치열한 공방에도 총회에 참여한 주민들만의 투표 결과를 분석하면 총회는 재개발 반대 측의 압도적인 승리였다. 정비업체가 미리 받아둔 서면 투표의 찬성표 외에 총회에 참석한 주민들의 압도적 다수는 시공사 선정 등 상정된 주요 안건에 반대표를 던진 것으로 최종 분석되었다. 재개발에 동의했던 상당수의 주민은 재개발과 관련된 문제와 위험부담에 대해 반대 측 주민의 의견에 강하게 공감을 표했다.

추진위원회 설립 총회 투표 결과는 향후 삼덕동 재개발 반대 운동의 가능성을 확인한 주요한 계기가 되었고, 재개발 문제를 비판적으로 바라보던 주민들은 총회 이후 반대 모임을 공개적으로 시작했다. 반대 운동의 초점은 기존의 동의(추진위원회 설립 동의, 정비 구역 지정 동의, 조합 설립 동의)에 대한 철회 운동과 재개발 추진위원회 해산이라는 두 가닥으로 분명히 모아졌다. 총회 이후 한 달에 한 번 정도로 전단 배포와 설명회를 계속 진행했는데, 그 장소로 마고재와 마을만들기 센터를 날씨와 안건, 참가자 규모에 따라 번갈아 사용했다. 전단 내용은 삼덕동에 거주하는 건축사들이 만들었으며, 반대 모임의 아주머니들이 집집마다 전단을 배포하는 역할을 맡았다. 인형마임 조직위원도 '삼덕동 재개발의 타당성과 투명성을 우려하는 주민 모임'의 주요한 세력이 되었으며, 대구 YMCA 실무자들이 모임의 다양한 행정적인 일을 사실상 모두 도맡아 처리했다.

이처럼 '삼덕동 재개발의 타당성과 투명성을 우려하는 주민 모임'
은 시간이 지나면서 전문성과 조직력 그리고 실무적 체계를 갖추어
나가기 시작했고, 마을은 찬성과 반대 두 개의 세력으로 빠르게 재
편되었으며, 이를 관망하는 층도 생겨났다. 재개발은 통장 선거도
과열시켰다. 평소에는 동의 행정 보조 역할을 수행하는 통장이지만
재개발 과정에서 통장의 조직적 위상은 무시할 수 없을 정도로 중요
했기에, 통장 선출은 양측이 서로 후보를 내면서 물러설 수 없는 조
직력 싸움을 벌이는 각축장이 되었다. 통장 선출에서 '삼덕동 재개
발의 타당성과 투명성을 우려하는 주민 모임'은 의미 있는 승리를 하
나둘씩 거두었는데, 마을 여론이 유리하게 움직이고 있다는 것을 통
장 선출 과정을 통해 느낄 수 있었다.

## 재개발 반대 논리-수익성과 투명성

삼덕동 재개발 반대 싸움은 수익성과 투명성 논리로 대응할 수밖
에 없었다. 삼덕동 주민들의 15% 정도만이 삼덕동을 현 모습 그대로
잘 지켜내자는 의견이었고, 그 외 다수 주민들은 수익성이 높은 방
식이 아니면 하지 말자는 의견이었다. 집이라는 것이 삶의 터전이
아니라 재산 증식의 수단이 되어버린 현실을 인정하면서, 주택 공급
과잉인 부동산 시장상황에서 주민이 건축주가 되고 시공사는 분양
만 대행하는 현행 방식은 위험률이 너무 크다는 논리로 대응했기에
재개발에 반대하는 폭을 넓힐 수 있었던 것이다.

주택 공급 과잉과 2종 일반 주거지역이라는 점과 구역 일부가 최
고 고도지구에 포함되어 있는 상황의 변화 없이 재개발 사업이 강행

되면 수익률이 떨어져 사업성이 낮고 미분양 등의 위험부담도 높다
는 점이 반대 논리의 핵심이었다. 2006년 8월 29일 '타당성과 투명
성을 걱정하는 주민 일동' 명의의 유인물은 이러한 재개발에 대한 대
응 논리를 잘 보여주었다.

〈삼덕동3가 재개발 사업과 관련하여 주민에게 드리는 글〉

삼덕동 재개발 지역 주민 여러분 안녕하십니까?
지난 18일 주민 총회에서는 주민들이 알고자 하는 것도, 안건에서 논의되어 수정되어
야 할 사항도 바르게 처리되지 않고 미리 받아둔 서면 결의서에 의해 모든 것이 추진위
원회와 용역 및 시공업체의 짜둔 계획으로 끝이 났습니다. ……

1. 개발에 있어 가장 중요한 주택 경기의 상승은 주민과 업체의 협상만으로는 이루어
   질 수 없습니다.
   …… 이미 대구 지역에서는 아파트 과잉 공급으로 미분양은 물론이고 사업승인을
   득하고도 착공을 못하는 사업도 많다고 보도를 하고 있는데, 또 저조한 분양 지역에
   서는 계속 사업추진이 자금압박으로 이어지므로 소수 계약자에게 환불하고 사업을
   중단하는 곳도 많다고 합니다.
   추진위원회에서 붙인 벽보에는 우리의 개발이 최적기인 양, 또 늦어지면 불이익이
   온다고 상세한 이유도 없이 주민을 현혹하고 있는데 앞서와 같이 과잉 공급으로 주
   택 사업 경기의 하락시기에서 미분양사태가 나면 그 손실은 바로 주민의 손실이고,
   대구의 거의 전 지역이 개발 지역인데 우리가 몇 개월 내지는 1년 정도 앞선다고 해
   서 개발 계획 중인 수십 지역(민영, 공영개발) 외에 타 지역 주민이 이 지역 아파트
   분양을 원하지는 않을 것입니다. 과잉 공급 상황에서 과연 누구에게 분양할 것인가
   라는 의문이 생깁니다. ……
   ※ 무엇보다 사업 시기의 검토가 아주 중요합니다. 적정한 시기는 우리에게 사업의 성
   공을 가져다주며 사업 이익도 크게 상향시킬 것입니다. 그러나 과잉 공급과 경기의 하

락 시기에는 아무리 절약한다 해도 근본적으로 사업성공에는 어려움이 있을 수밖에 없습니다.

2. 용역비와 공사비 결정에 있어 추진위원회는 주민을 위해서 무엇을 했는가?

　총회 자료를 보면 정비업체의 용역비는 평당 55,000원, 시공사의 공사비는 평당 3,100,000원으로 결정되어 있습니다. …… 큰 물량으로 한 건의 공사일 때 같은 소요 공사기간에서 더 큰 이익이 생겨 보통 회사의 이익률을 줄여오고 있으므로 우리의 큰 사업에 적용한다면 공사비를 평당 3,000,000원 이하로 줄일 수 있다고 볼 수 있습니다. (평당 100,000원 차이에서 총공사비는 71억 정도 줄어듦) ……

3. 사업승인이 불가능한 총회 자료에 있는 설계도(배치도)

　…… 총회 자료의 배치도에는 아주 기본적이고 중요한 교통영향평가의 심의, 건축위원회 심의의 흐름을 전혀 고려하지 않고 건축물 규모를 수치상으로 표현을 했으며, 이런 계획으로는 심의에 상정도 되기 어렵고, 이때 사업성에 큰 영향을 미칠 만큼 규모가 감해진다면 누가 책임을 질 것인가? 또 아파트 평면구조에 따라서도 건물 배치에 변화가 있는데 기준되는 평면도는 왜 없을까? ……

4. 주민을 현혹시키는 영상물

　18일 주민 총회에서 설계업체와 시공사에서 화려한 촬영과 편집 등으로 우리에게 한편의 영상물을 보여주었습니다만, 이 사업에 있어 우리와 그들 간의 권리, 의무에 관한 여러 가지 조건을 제시받아야 할 것인데, 우리와 관계되는 세부적인 사항은 전혀 없고, 다시 검토되어야 할 건물 배치도 외에는 회사의 소개만 장황하게 하였습니다. ……

5. 주민에게 불리한 계약 조건 검토

　<미분양과 공사비 지불 : 총회 자료의 공사 계약 조건 제23조(일반 분양) ②항과 제39조(공사비 상환 등)>

　시공사는 단지 분양을 대행하는 것이고, 미분양에 대해 책임과 그에 따른 손실은 주민에게 있다는 내용으로서, 즉 공사비는 주민이 지불할 의무이고 준공 시 미지불된 공사비는 미분양된 세대를 조합(주민)명의로 조합의 경비로 보존 등기를 하고 조합

의 책임과 비용으로 시공사에게 담보가등기 또는 근저당권을 설정한다는 조항입니다. 이 조항으로 시공사는 준공하여 채권확보를 하고 경매도 가능할 수 있기 때문에 경기하락으로 미분양이 되어도 아무런 걱정과 손실이 없는 것입니다. ……

6. 운영 경비의 예산 편성

총회 자료에 의하면 추진위원회 월 예산은 1,000만 원, 조합 설립부터는 1,500만 원으로 편성되었고, 물론 쓰지 않은 예산은 이월 내지는 청산된다고 명시하였습니다. 사업 기간을 짧게 5년으로 보아도 8억 원 정도 됩니다. ……

7. 동의서, 인감증명, 서면 결의서의 징구

재개발을 하기 위해서 여러 가지 서류를 받고 있는데, 왜 추진위원회나 조합원이 되는 주민이 받지 않고 업체의 직원들이 받고 있는지, 특히 업체의 선정을 위한 찬반 용지, 즉 서면 결의서의 비밀을 유지해야 할 서류를, 정말로 한심합니다. ……
추진위원회에서는 지금이라도 추진을 중단하고 업체의 직원이나 경호원도 없이 주민 총회를 열어 주민이 알고자 하는 추진위원회의 사업계획을 알리고 토론 후 주민 의견을 수렴하여 시작하기를 바라는 바입니다.

2006. 08. 29. 삼덕동 재개발 사업의 타당성과 투명성을 걱정하는 주민 일동

## '추진위원회 설립, 정비 구역 지정, 조합 설립' 동의 철회 운동

삼덕동 재개발 예정 구역의 토지 등 소유자는 413명이다. 추진위원회 설립은 52% 정도가 동의했는데, 반대 운동은 '추진위원회 설립, 정비 구역 지정, 조합 설립' 동의 철회 운동으로부터 시작되었다. 동의 철회서와 함께 동의 철회용 인감 증명을 첨부하는 까다로운 행정 절차였지만, 향후 '재산권 행사'와 관련된 문제여서 주민들의 접근도 진지하고 적극적이었다.

추진위원회 설립 동의 철회, 정비 구역 지정 동의 철회, 조합 설립 동의 철회 등 세 가지 동의 철회 운동 중에서 초점은 정비 구역 지정 동의 철회 운동에 맞추어졌다. 추진위원회 설립 후 다음 절차가 동의율 67%의 정비 구역 지정이고, 정비 구역으로 지정되면 신축·증축 등 개인의 재산권 행사가 제한되기 때문이다.

동의 철회 운동을 위해 녹색가게는 주민 상담 장소로 사용되었으며, 동의 철회를 위한 상담 및 서류 작성은 김경민 씨가 맡았는데 동의 철회 운동의 검토는 법적으로나 실무적으로나 만만치 않았다. 재개발 관련 자문기관과 사이트가 인터넷에 수도 없이 많았지만 재개발에 대해 의문을 품거나 반대하는 사람의 고민을 자문해주는 곳을 찾기는 어려웠기 때문이다. 관련 시민 단체 사이트에서 재개발이나 부동산 문제에 대한 정책 자료는 검색할 수 있었으나, 동의 철회나 추진위원회 해산 등 실무적 문제에 대한 자료는 발견할 수 없었고 변호사나 법무사도 몰랐다.

그 와중에 웹 서핑을 통해 놀라운 사이트를 발견했다. '재건축 재개발 도시 정비연구회'라는 이름의 사이트였는데, 도시 정비 사업에 대한 현장의 생생한 고민과 실무지침 그리고 대법원 판례까지 상세하게 잘 정리되어 있었다. 사이트 '도시 정비연구회'는 동의 철회나 추진위원회 해산, 추진위원회 단계의 시공사 선정이 위법이라는 판례에 이르기까지 삼덕동 재개발과 관련된 수많은 문제에 대한 의문을 풀어주는 보물창고 같았다. 현재는 '나비 도시 정비 연구회'로 사이트 명칭이 바뀌었는데, 김경민 씨는 이 사이트를 주저 없이 도시 정비 투쟁의 성지(聖地)라고 주장한다. 어느새 삼덕동 재개발 추진

□ 삼덕동3가 주택 재개발 정비 사업 조합 설립 추진위원회 설립 동의용 인감증명서
및 정비 구역 지정 요청 동의용 인감증명서의 효력정지, 반환요청 및 임의사용 금지

수신인1　　대구광역시 중구청장
(참 조)　　대구광역시 중구청 건축주택과장
수신인2　　삼덕동3가 주택 재개발 정비 사업 조합 설립 추진위원장
주　소　　대구광역시 중구 삼덕동3가 00번지 삼덕동3 주택 재개발 정비 사업 조합
　　　　　설립 추진위원회

발신인　　000
주 소　　대구광역시 중구 삼덕동3가 00번지

Ⅰ. 삼덕동3가 주택 재개발 정비 사업 조합 설립 추진위원회(이하 추진위)는 2006년 6
월 초순경 추진위 설립 동의용 인감증명서와 정비 구역 지정 요청 동의용 인감증명
서 2부를 도우미를 통해 받아갔습니다. 그러나 본인 000은 이후 추진위의 재개발
사업타당성에 대한 설명이 부족하고 재개발 사업 추진 시기가 부적절하다고 판단
되는 등 여러 가지 이유로 추진위 설립 동의를 철회합니다. 따라서 관할 구청인 중
구청은 추진위 설립 동의용 인감증명서 1부를 본인에게 반환하여 주실 것을 요청
합니다. 또한 중구청은 본인이 추진위원회 설립에 대한 동의를 철회하였으며 현재
동의하지 않음을 양지하여 주시기 바랍니다.
Ⅱ. 아울러 본인은 이 내용증명을 통해 추진위원직을 사퇴함을 통보 드립니다.
Ⅲ. 또한 본인은 추진위원직 승낙 동의용 인감증명서와 추진위원회 설립 동의용 인감
증명서에 대한 의사를 철회함을 다시 한 번 분명히 알려드리며, 이후 이 2매의 인감
증명서는 효력이 없다는 점을 추진위와 중구청에 통보 드립니다. 또한 중구청은 본
인이 추진위원직을 사퇴하였으므로 추진위원이 아님도 양지하시기 바랍니다.
Ⅳ. 마지막으로 추진위는 본인으로부터 받아간 2부의 인감증명서를 어떤 용도로라도
사용할 수 없으며, 만약 그런 일이 일어난다면 본인은 제반의 법적 조치를 취할 것
입니다.

2006년 9월 13일

위원회 동의 철회 인원은 100명을 훌쩍 넘어섰다.

동의 철회 운동이 진행되는 동안 '삼덕동 재개발의 타당성과 투명성을 우려하는 주민 모임'에 참여하는 주민은 급속도로 늘어났다. 추진위원회에 대응하는 조직 체계를 갖추자는 의견도 개진되어 2006년 12월 124명이 참여한 가운데 '삼덕동을 사랑하는 사람들의 모임'을 창립했고, 20명 규모의 운영위원회도 구성했으며, 김경민 씨가 사무국장을 맡아 실무를 총괄하기로 했다. 실무와 법률적 대응을 위해 회비도 내기로 했지만, 사실상 비용은 거의 몇몇 적극적인 주민의 사비로 충당되었다. 이는 돈 문제로 자칫 모임에 도덕적 상처가 생길 수 있다는 노파심 때문에 대부분의 비용을 사비로 처리한 것이다.

'삼덕동을 사랑하는 사람들의 모임'이 발족되면서 추진위원회 해산 문제가 구체적으로 거론되었고, 결국 추진위원회 해산 운동을 전개하기로 결정했으나 추진위원회 해산은 결과적으로 실패했다. 추진위원회 해산을 위한 법적 동의율은 50% 이상으로 삼덕동에서는 207명 이상이 해산에 동의해야 가능했는데, 적극적인 찬성과 적극적인 반대 그리고 관망층이 비슷한 비율을 형성하고 있었기 때문에 추진위원회 해산은 이루어지지 않았다. 더구나 관망층은 재개발용 제반 동의서도 제출하지 않았지만 추진위원회 해산용 인감증명서 제출도 거부했다.

## 거짓말, 중상모략, 여론 조작

추진위원회 동의 철회 운동이 본격화되고 재개발 반대 조직이 체계를 갖추자 2007년 3월 14일 재개발 추진위원회는 안내문을 통해

> 대구 YMCA가 우리 단지 내에 한 블록을 대상으로 시범마을 신청을 하여 건설교통부
> 에서 위촉된 심사위원 2명이 현장심사까지 하였습니다. 만약 시범마을로 조성된다면
> 재개발을 통하여 살기 좋은 마을을 조성하고 개발이익을 높이기 위한 추진이 불가능하
> 게 되며 재개발정비예정 구역에 포함되어 있는 주민 재산권에도 큰 피해가 발생할 것
> 입니다.
> 시범마을 신청에 대하여 전체 주민의견을 고려하지도 않고 정부의 살고 싶은 도시만들
> 기 제정의 근본 취지를 흩트리는 대구 YMCA 관장 김경민은 1년 동안 한정하는 사업
> 이라고 하나, 벽화그리기, 나무심기와 같이 환경친화적 정주 공간 조성으로 주민들의
> 삶의 질을 높이고 쾌적한 주거환경생활에 이바지하는 것이라 항변하고 있는데 그것은
> 진실성이 왜곡된 것이라 판단되며, 만약 시범마을로 지정된다면 재개발과 상관없이 개
> 인적 사유재산권 행사에 막대한 지장을 초래할 것이라 사료됩니다. 모든 것들을 종합
> 해볼 때, 시범마을은 삼덕동 주민들을 위한 것이 아니고 대구 YMCA 중부지회 관장 김
> 경민의 개인 단체의 사리사욕을 채우기 위함이라고밖에 할 수 없습니다.
>
> 재개발 추진위 안내문(2007. 3. 14) 중에서

추진위원회 동의자의 불이익은 전혀 없다는 것과 김경민 씨 개인에
대한 문제제기로 포문을 열었다. 첫 번째는 2007년 건설교통부가 공
모한 살고 싶은 도시만들기 시범 사업 신청과 관련된 내용이다.

　재개발 사업 추진에 위기의식을 느낀 추진위원회가 김경민 씨를
대상으로 비방전을 펼치기 시작한 것이다. 재개발 반대 움직임이 결
집될수록 추진위원회의 비방 유인물은 도를 넘어서기 시작했다. 또
한 여론을 조작하기 위해 2007년 6월 26일 '대구 YMCA 이사장님,
이사님, 위원님, 회원님께 호소합니다'라는 유인물을 대구시 전역에
수십만 장을 뿌려댔다. 추진위원회에 찬성하는 주민과 용역업체 직
원이 유인물을 들고 대구 YMCA 앞에서 시위를 하기도 했는데, 여기

서 김경민 씨 개인만이 아니라 쉼터 아이들에 대한 근거 없는 비방
도 서슴지 않았다.

대구 YMCA 이사장님, 이사님, 위원님, 회원님께 호소합니다.

대구 지역사회 발전을 위해 수고하시는 여러분들의 노고에 심심한 감사의 인사를 올립
니다. 지금 대구시 중구 삼덕동3가 지역에서 함께 살고 있는 대구 YMCA 중부지회 관
장을 포함한 실무자 몇 명에 의해 자행되고 있는 차마 웃지 못할 비극적인 사건을 공개
하여 사실 진위를 가려 신속한 조치를 취해주시기를 호소합니다. 또한 대구 YMCA에
서 삼덕동3가 지역에서 추진 중이거나 예정인 모든 사업(중·장기 청소년 쉼터, 교장
관사(미술관) 시범마을 사업 등)을 재고 및 철회해주실 것을 당부 드립니다.
그 이유는 다음과 같습니다.

하나, 수년 전 삼덕동에서 청소년 쉼터와 담장허물기 사업으로 시작한 순수한 마을 공
동체 운동이 현재는 대구 YMCA 중부지회 관장이 언론매체에 자기 인물 알리기와 자
기 업적을 과시하는 퇴색된 시민운동으로 변질되어 가고 있음을 부인할 수 없습니다.
…… 그리고 삼덕동3가의 담장허물기 운동이 성공하였다고 자평을 하고 있으나 참여
한 가구 수는 중부지회 관장 소유인 국악원과 교육청(교장 관사) 및 대구 YMCA에서 관
리하고 있는 녹색가게 등입니다. 그러나 중부관장의 부인 명의로 매입하여 거주하고
있는 집은 담장 없는 집에 담을 쌓고 커다란 대문을 설치한 모습을 보고 이율배반적인
모습에 실망과 조소를 보내지 않을 수 없습니다. 더욱이 매년 매스컴에 담장허물기 운
동에 관한 인터뷰에 얼굴을 내미는 대구 YMCA 중부지회 관장의 뻔뻔스러움에 정치연
예인 못지않은 사실을 확인할 수 있었습니다. 그는 시민을 위한 진정한 시민운동가가
아니라 개인의 영달을 추구하는 위인일 뿐입니다. ……

하나, 현 정부에서 부쩍 시민 단체에 대한 지원금이 늘어나자 지원금을 받기 위하여
대구 YMCA 중부지회 관장은 이사장님과 사무총장님의 결재와 절차를 무시하고 사
업 신청을 한 바 그 사실이 사후 이사회에 발각되어 중징계를 받은 적이 있다는 소문

도 있습니다.

하나, 대구 YMCA 중부지회장은 정부 교부금을 받기 위하여 사업명[마을 단위 주민 참여형 대안적 개발 계획 수립 및 시행-꼬불꼬불 이야기 있는 골목길 따라] 사업계획서를 중구청에 제출한 결과 중구청에서는 건설교통부 [살고 싶은 도시만들기] 추진 계획 (2006.11)에 의거 다음과 같은 의견을 제시하였으나,

| 의견 | ○ 위 시범마을 사업의 사업 구역은 현재 추진 중인 주택 재개발 사업 구역 내에 위치함<br>○ 2006.6.12 주택 재개발 구역으로 지정되고 2006.7.14 주택 재개발 추진위원회가 발족되어 재개발 사업이 추진 중에 있음<br>○ 계획된 시범마을 사업은 주택 재개발 추진위원회와 일부 주민들의 동의가 있어야 할 것으로 사료됨 |
|---|---|

재개발 추진위원회를 무시하고 협의 없이 건설교통부에 접수하여 현재 건설교통부에서는 2억 원을 지원한다고 합니다. 이것은 대구 YMCA 중부지회 관장의 도덕성을 의심하지 않을 수 없습니다. ……
특히 이 사업은 마을 단위 주민 참여형 대안적 사업이 지역 내의 주민에게 사업계획을 설명ㆍ이해시키는 전 과정이 의혹투성이며, 교부금 2억 원의 사용계획을 보면 삼덕동 재개발 사업을 반대하는 주민을 규합하고 세력을 확대하기 위한 것이 아닌지 의심스럽습니다. ……
특히 재개발을 반대하는 세력을 국비로 확대시킨다고 주민들은 분노하고 있으며 이와 같은 처사는 YMCA의 설립목적에 위배된다고 생각됩니다. 이제 더 이상 그러한 소모적이고 낭비적인 행사가 이루어지지 말아야 하며 지원금이 투명하게 사용되는지 삼덕동 주민들은 예의 주시할 것입니다. ……

하나, 삼덕동3가 마을에서 이루어지는 대구 YMCA 사업이 이사회의 승인하에 이루어지는지 대구 이사회의에서 답을 해주시면 감사하겠습니다.
하나, 'YMCA 사랑하는 모임'에서 사랑하는 대구 YMCA 회원 여러분에게 드리는 글 (2005년 7월 7일)을 보셨습니까? 다섯 가지로 요약할 수 있습니다.

1. 대구 YMCA 중부관장은 이미 2004. 6월에 책임지고 물러나야 한다.
2. 대구 YMCA 중부관장은 와사모에 참석하여 물의를 일으켰으므로 책임지겠다.
3. 2004. 12월 말까지 사표를 내겠다.
4. 대구 YMCA 중부관장만 퇴진하면 모든 문제가 해결된다.
5. 두 분의 사무총장이 평생 근무한 직장을 떠나게 할 수밖에 없는 단초를 제공한 중부
   관장은 자진사퇴해야 한다.

하나, 대구 YMCA는 왜 삼덕동3가의 재개발을 반대하는지 그 이유를 대구 YMCA의
이사회의에서 결정된 사유를 서면으로 답해주시기 바랍니다.

삼덕동 주민 대표 80여 명은 대구 YMCA 본관 앞에서 수차례 시위를 한 적이 있습니
다. 위에서 언급한 바와 같이 대구 YMCA 중부지회 관장은 단체 현황(사업 추진 주체
소개) 설립목적 및 주요 사업 분야에 명시된 사항을 수없이 위반하였음은 자타가 인정
할 것입니다. 대구 YMCA에서는 중부지회를 삼덕동3가에서 철수할 것을 강력하게 주
장합니다.

2007.6.26 삼덕동3가 주택 재개발 정비 사업 조합 설립 추진위원회

도를 넘는 추진위원회의 유인물은 김경민 씨뿐만 아니라 주변 사
람 모두 분노하게 했다. 당시 김경민 씨는 명예훼손과 허위사실 유포
등 법적인 대응까지 심각하게 고려했지만, 삼덕동 마을의 일상적 관
계를 생각하면서 혼자 삭이기로 했다. 추진위원장이 78세의 고령이
라 어른을 대상으로 한 송사가 결국은 지속적인 마을만들기 운동에
나쁜 영향을 미칠 것이라는 판단도 하지 않을 수 없었기 때문이다.
    재개발 과정에는 거짓말과 여론 조작, 중상모략과 핏발 선 언쟁만
난무한다. 엉터리 정보가 흘러나와도 행정은 뒷짐만 지고 나 몰라라

한다. 언론은 이대로 마을을 지키고 살겠다는 사람들을 '보상비를 더 받으려는 이기적인 주민'으로 몰아붙인다. 용역업체들의 불법행위에 대해서 경찰은 외면한다. 이것이 지금 대한민국에서 벌어지고 있는 재개발 현장의 모습이다.

## 재개발 광풍, 삼덕동에서 밀려나다

비방 유인물을 무차별적으로 뿌렸음에도 재개발에 반대하는 삼덕동 주민들은 늘어만 갔고 추진위원들도 동요하기 시작했다. 이에 삼덕동 재개발 추진위원회는 2007년 11월 19일 유인물을 배포하며 안간힘을 썼지만 대세는 이미 기울어진 상태였다.

주민 여러분께 드리는 말씀

〈정비 구역 지정 신청 동의율 2/3 완화〉
재개발, 재건축 정비 구역 지정 주민 제안 동의율이 4/5(80%)에서 2/3(67%)로 대구시 조례가 개정되었습니다. 사업 초기에 동의율을 맞추기가 어려워 사업 추진에 지장을 초래하는 일이 없도록 하기 위한 취지에서 대구시 조례 개정(안)이 2007년 10월 17일 본회의를 통과함에 따라 우리 단지 재개발 정비 사업에 있어서도 정비 구역 지정 동의율 2/3에 동년 11월 1일에 적용을 받아 탄력적으로 사업을 추진할 수 있게 되었습니다. 재개발 사업을 성공적으로 추진할 수 있는 기쁜 소식이라 아니할 수 없습니다. ……
그러나 막연한 생각과 궤변으로만 제시한다면 결국 선량한 주민들의 혼란만 가중되어 결국 책임을 회피하는 것으로 끝날 때 과연 어떻게 되겠습니까? 이번에 재개발이 추진되지 않고 무산될 경우 삼덕동3가는 두 번 다시 재개발을 시도할 수 없습니다. 그러니 이 모든 것을 심도 있게 깊이 생각하시어 현명한 판단을 해주시길 바랍니다. ……
또한 재개발 사업에 따른 동의서에 대해서는 시공사 선정 시에도 언급하였듯이 "불가

피한 사유로 사업성이 저하되어 재개발을 포기하기로 총회의 결의가 있을 경우 기 투입된 사업 경비는 시공사의 부담으로 한다"라고 이행각서 9항에 명시되어 있기 때문에, 사업이 무산되더라도 기 투입된 비용에 관해서는 재개발에 찬성한 동의자에게 동의서와 인감증명서를 낸다고 하여 본인이 책임을 져야 한다거나 재산상 불이익이나 권리행사를 하는 데 아무런 영향이 없으므로 전혀 걱정하실 필요 없습니다. ……

주민 여러분! 삼덕동3가 주택 재개발 정비 사업은 무조건 됩니다!

우리 단지는 입지 여건이나 사업성이 타 단지보다 우수한 지역에 위치하고 있습니다. 또한 2007년 11월 7일 ≪매일신문≫ 경제란(16면)에 중·남구가 새로운 주거지역 대안으로 부상되어 도시 정비 사업에 중추적인 자리를 차지할 전망이라고 합니다. 주변 여건은 신천을 끼고 있어 쾌적한 주거환경과 역세권의 교통 편리함을 동시에 충족시킬 수 있어 수성구 지역보다 월등히 좋은 조건에 있습니다. 만약 가능성이 없는 단지라면 시공사로 GS건설·두산산업개발이 참여했겠습니까? ……

2007년 10월 16일 추진위원장이 일신상의 이유로 사직서를 제출함에 인하여 제22차 추진임원회 회의를 통하여 현 000 부위원장이 위원장 직무대행 체제로 당분간 유지하여 업무를 추진하고 향후 일정을 수립하여 주민 총회에서 위원장을 선출할 계획입니다. 당분간 직무대행으로 진행하지만, 우리의 개발 이익을 위해서 최선을 다할 것을 약속드리며, 본 사업이 원만하게 차질 없이 진행될 수 있도록 지도해주시기 바랍니다.

2007년 11월 19일 삼덕동3가 주택 재개발 정비 사업 조합 설립 추진위원회

80% 이상의 토지 등 소유자가 동의해야 조합 설립이 가능한데, 찬성자가 30%대에 머물고 두꺼운 반대층과 관망층이 형성되면서 삼덕동 재개발 사업은 추진 동력에 큰 상처를 입었다. 설상가상으로 추진위원장과 감사가 사퇴하는 등 조직 내부도 적잖은 어려움을 겪었다. 또한 2008년부터 미분양 사태가 속출하면서 재개발 현장의 시공사들이 하나둘 사업장에서 철수했으며, 재개발 문제는 삼덕동뿐만 아니라 대구 지역 전체에서 추진 동력을 크게 상실했다. 추진위

은평구 진관내동에 가면 넓직한 골목에 집집마다 꽃나무와 과실나무가 심어져 있고, 마당에는 대추나 고추를 내다 말리며 평온하게 살고 있는 마을이 있다. 이른바 한양 주택단지. 한양 주택의 시작은 1972년 '7.4 남북공동성명'으로 거슬러 올라간다.

'분단 이후 최초로 통일과 관련하여 합의한 공동성명'이라는 역사적 사건은 고위 협상단의 상호 방문으로 이어졌고, 이때 북한의 방문자들이 통일로를 이용할 것을 예상, 도로변에 '보여주기'용 '잘 사는 마을' 샘플이 필요하게 된 것이었다.

무허가 주택촌이었던 은평구의 통일로변은 "정리가 필요하겠다"는 대통령의 한마디에 취락구조 개선 사업이 시작되었고, 정리된 땅 위에 지하 연탄 보일러실을 갖춘 고급 주택 270여 가구가 건설·공급되었다. 마을은 건설사 '한양 주택'을 따서 같은 이름으로 불리게 되었다. 그로부터 30여 년 어설픈 전시용 주택단지를 꾸미고 가꾸어 사람 사는 마을로 만들어놓은 것은 이곳에 거주하는 주민들이었다. 군사 제한구역, 개발 제한구역에 묶였어도 비만 오면 하수도가 역류하는 어려움이 있었어도 주민들은 나름대로 행복한 삶을 누릴 수 있었다. 2002년 탱크 서울시장이 들어서자 이 마을을 'NEW TOWN-(새마을)'이라는 허울 좋은 개발 지역에 편입시켜버렸다. 주민들은 매일 시청 앞에 가서 그냥 이대로 살게 해달라고 호소하지만 서울시는 눈 하나 깜박 안 한다. 아무리 작은 집이라도 나무 한 그루, 개 한 마리 키우며 이웃과 정겹게 살았던 여유 있는 우리의 집은 이제 없어지는 것인가? 모두들 깍뚜기처럼 직사각형 닳힌 공간에 감옥 같은 집만이 우리네 몫인가? 이제 집에 대한 정겨운 기억은 이웃에 대한 아름다운 추억은 가난한 자들에겐 사치가 되어버렸다.

_ 한양 주택 주민의 블로그에서

원회 단계의 시공사 선정은 위법이라는 대법원 판례까지 겹쳐 삼덕동 재개발 사업의 추진 동력은 사실상 상실된 상태다.

이렇게 삼덕동 재개발 문제로 발생한 기세 싸움은 2006년 7월부터 2007년 12월까지 치열하게 진행되었고, 이후 삼덕동은 일상으로 돌아왔다. 그러나 삼덕동 재개발 싸움은, '마을만들기 운동은 재개발에 대응할 수 있는가?'라는 마을만들기 운동에 심각한 고민을 던져줬다.

# 그래도 마을만들기는 계속된다

재개발에 대한 반대 운동은 상상을 초월할 정도의 치열함과 에너지를 필요로 한다. 모든 것을 포기하고 반대 운동에만 열중하더라도 재개발을 이겨낼 수 있을 거라는 기대를 하기는 쉽지 않다. 그러나 삼덕동 마을만들기는 치열한 재개발 반대 운동을 진행하면서도 일상적 활동을 놓지 않았다. 치열하게 대응해야 할 사안이 발생했을 때, 마을만들기 운동은 이에 대해 적극적으로 대응해야 한다. 그러면서도 일상성을 잃지 말아야 한다. 싸우면서 일하고 일하면서 싸워야 하는 것이 마을만들기 운동이다.

주민들은 격렬한 싸움이 난무하는 마을에 대해서는 정을 떼버린다. 마을을 떠나가고 싶어 한다. 그렇기에 격렬한 싸움에만 집중하면 다시금 시작할 일상은 초토화되어 버린다. 삼덕동 마을이 치열한 재개발 싸움 과정에서도 400포기 김장을 나누고, 60여 가구를 대상으로 집수리를 해주며, 팽팽한 긴장 속에서도 인형마임축제를 개최한 것은 마을만들기 동력을 유지하기 위함이었다.

그동안 삼덕동 마을만들기는 예산이 확보되면 하나씩 차근차근 진행하는 방식이었다. 그러나 재개발에 대한 광풍이 몰아치자, 일상적 사업들을 집중적으로 실행하면서 재개발에 대응할 주민들을 모아내야 할 필요성이 제기되었다. 때마침 국토부의 살고 싶은 도시만들기 공모 사업이 진행되면서 '꼬불꼬불 이야기가 있는 골목길 따라'라는 제목의 사업을 신청했고, 2억 원의 지원금을 받았다. 재개발에 대응하는 마을만들기 활동으로 공간 디자인 사업과 노후화된 집수

2007년 삼덕동 살고 싶은 도시만들기 진행 사업

| 사업 내용 | 세부 사업 |
|---|---|
| 벽화 수리 및 설치 작업 | ① 기 조성된 17곳 벽화 중 10곳 벽화 수리<br>② 예술자전거 보관대 제작 및 설치, 재활용 설치물 '미워도 다시 한 번' 제작 |
| 골목 디자인 (배꼽마당 조성 사업) | ① 주민자치 센터 골목 디자인 사업: 정자목 쉼터 평상 설치, 주민자치 센터 벽화 작업, 예술자전거 보관대 조성 사업<br>② 마고재 공동체 극장(Community Theatre) 조성 사업<br>③ 마고재 생태 습지 조성 사업<br>④ 빛슬미술관 뒷마당에 이동도서관 '용용이' 주차장 정비 공사 |
| 골목길 디자인 | ① 삼덕초등학교 담장허물기 보완 사업<br>② 벽화 연못 확장 및 비오톱 조성 사업 |
| 커뮤니티 공간 재정비 | ① 빛슬미술관 장판 교체, 도배, 지붕 수리, 다다미방 수리<br>② 마고재 수리<br>③ 마을만들기 센터 수리 사업 |
| 집수리 지원 | 저소득층 노후 주택 방 도배, 욕실 수리, 보일러 교체, 담벽 도색, 장판 교체<br>* 가구당 50만 원 지원 총 60가구 지원 |
| 나만의 대문가꾸기 | 문패 만들기, 대문가꾸기 |
| 주민 참여 프로그램 | ① 삼덕동 마을 조사, 마을 미래상 발표회<br>② 동화 읽는 어른 모임, 어린이 풍물교실, 삼덕동 소년축구단, 신천 생태탐사단, 어르신학교 등 |

리 사업, 공동체 만들기 등을 강력하게 펼쳐볼 수 있는 기회가 마련되었다. 심사 과정에서 재개발 추진위원회가 심사장에 난입해 소동을 빚은 이유는 이 사업을 통해 재개발에 대한 반대 여론이 높아질 것을 우려했기 때문인데, 결과적으로 재개발 추진위원회의 우려는 현실화되었다.

-삼덕동 주거 생활공간 개선 사업-
주택을 수리해 드립니다 !


대구 YMCA 마을만들기 센터와 삼덕동 살기 좋은 마을만들기 추진협의회에서는 2007년부터 국토해양부의 후원으로 삼덕동 살기 좋은 마을만들기 사업을 전개해오고 있으며 특히 삼덕동 노후 주택 및 소평형 가구 밀집 지역 거주 주민과 독거노인, 노인 세대 및 저소득층을 위한 주거 생활공간 개선 사업을 주택 수리활동을 통해 실시하고자 하오니 소규모 주택 수리가 필요하신 주민 여러분의 적극적인 관심과 참여를 부탁드립니다. 단, 이번 사업의 대상 주택에서 삼덕동3가 주거환경 개선 구역은 제외되오니 이 점 또한 양지해주시기 바랍니다.

1. 신청일시 : 2008년 5월 13일 (화) ~ 5월 23일 (금)
2. 신청장소 : 대구 YMCA 마을만들기 센터
3. 신청대상 : 40 가구 (제외대상 : 삼덕동3가 주거환경 개선 구역)
      ① 삼덕동3가 노후 주택 및 소평형 가구 밀집 지역 거주세대
      ② 독거노인 및 노인 거주세대
      ③ 저소득 가정
      ④ 그 외 집수리 지원 사업단이 선정한 주택 및 건축물의 소규모 집수리 지원
        사업
4. 집수리 지원 사업 내용 : 대문, 비새는 지붕, 보일러, 화장실, 도배, 장판 등
5. 선정 : 집수리 지원 사업단 현장 방문, 실사 및 회의를 통해 선정
6. 주관 : 삼덕동 집수리 지원 사업단

집수리 지원 사업

우리집 문패 만들기

대문가꾸기                                 김장나누기

어르신학교

삼덕 소년축구단

삼덕동 마을 잔치는 후에 인형마임축제와 결합하면서 마을 주민의 일상성과 축제라는 비일상성이 절묘하게 결합되는 형태로 전환되었다. 인형마임축제 개막식에 벌어지는 마을 잔치는 축제 기간 내내 주민들의 마음을 들뜨게 하는 동력이었다. 잔치를 통해 주민 간의 친밀감이 전제되면서 축제라는 목적성과 결합될 때, 마을 축제는 사적인 영역을 넘어서서 공적인 영역으로 전환된다.

# 삶의 욕망, 문화와 만나다

# 공동체를 통해 축적된 문화적 경험

마을 축제의 목적은 마을 주민들 스스로 가장 행복하게 살 수 있는 장소나 마을에 대한 꿈, 기원, 청사진을 갖는 것이다. 그래서 과거의 역사를 반추하기도 하고 미래를 함께 그려보기도 한다. 이런 것을 집중적으로 하는 날이 바로 축제다. 그러나 현재의 축제는 본래의 가치보다 경제적 가치와 효과의 극대화에 치중하면서 주체가 되어야 할 주민들은 객체가 되어버렸다. 주민들이 무엇을 요구하는지, 무엇을 결집할 것인지는 고민하지 않는다. 문화의 축적 속에서 사람들은 모이는 것이 아니라, 규모나 욕구를 자극해서 사람이 모이게 한다. 온 마을이 하나의 기원 아래 공동체적 경험을 하게 하는 집단적 소통 과정이 빠져버린 상태에서 주민들은 그저 구경꾼으로 전락해버렸다.

마을 축제는 주민의 꿈을 이야기해야 한다. 축제를 통해 자신의 꿈을 생산하고 공동의 확인 과정을 거치면서 마을의 꿈으로 전환시켜나가야 한다. 삼덕동 마을 축제는 이러한 맥락을 찾아나갔는데, 삼덕동 마을만들기 운동과 함께 삼덕동 마을 축제도 주민과 함께 성장해가고 있다. 가출 청소년 쉼터를 밀어내려고 했던 삼덕동 주민들은 마을 잔치를 벌이면서 쉼터를 마을의 일부분으로 받아들이고 있으며, 꾸러기 환경 그림대회를 통해 마을 아이들에게 관심을 보이기 시작했다. 재개발이라는 자본의 거대한 물결이 밀려들어올 때, 삼덕동 주민들은 자본의 욕망보다 마을의 가치를, 아파트 물결보다 예쁜 꿈을 꿀 수 있는 마을을 바라보기 시작한 것이다.

## 잔치는 시작이다

모든 공간은 사람이 있어야 아름답다. 계획적으로 잘 조성된 공간이라도 사람들의 손길이나 행위가 배제된다면 보기에는 좋을 수 있겠지만 그곳은 이미 생명력을 잃어버린 공간이다. 사람이 있어 아름다운 공간은 재미도 있지만 감동도 있다. 김경민 씨는 담장을 허물어버린 결과는 아름다워야 한다는 생각을 했다. 물리적 조경에 의한 아름다움이 아니라 열린 마당이라는 공간을 매개로 마을 주민들의 새로운 행위들이 녹아들어가는 아름다움을 모색하게 되었다.

그 첫 번째 모색의 결과가 1998년 12월 23일 201번지 마당에서 펼쳐진 인형극이다. 벽면에 걸개그림을 걸어놓고 조명을 비춰가며 진행된 대학생 동아리의 인형극 공연은 아무것도 아닌 공간에서 아름다운 행위가 벌어질 수 있음을 느끼게 해준 신호탄이었다. 아이들뿐만 아니라 마을 주민 모두 인형극을 통해 동화적 상상에 젖어들었는데, 동화적 상상은 '초록별 아이들'이라는 이름의 인형극 창단으로 연계되었다. 1999년 창단된 초록별 아이들은 마을 아이들이 중심이 된 극단으로, 전문 인형극단 배우들의 지도를 받으면서 매년 개최되는 머머리섬 축제의 개막식과 폐막식의 첫 번째 공연을 도맡아 하고 있다.

인형극 공연을 시작으로 삼덕동에는 여러 가지 마을 축제들이 개최되기 시작했다. 초록마을 음악회도 환경 퍼포먼스도 해봤다. 어른들의 눈길을 쑥스럽게 했던 벨리댄스도 패션쇼도 축제 프로그램 일환으로 선보였다. 지구의 날 행사도 삼덕동에서 멋지게 치러냈다. 마을 주민들과 좀 더 친밀해지려고 지신밟기를 하면서 마당에도 들어갔으며, 크리스마스이브에는 산타클로스를 보내 아이들을 안방에서 만나기

마당에서 펼쳐진 첫해 인형극

도 했다. 일부 아이들은 왜 산타가 봉고차를 타고 다니는지 의아해하
기는 했지만, 삼덕동에는 산타가 온다고 믿는 아이들도 꽤 있었다.

　이처럼 다양한 프로그램을 끊임없이 진행했는데, 가장 많이 진행
한 프로그램은 인형극이다. 현대미술의 전위적이거나 실험적인, 인
간소외에 대한 문제제기와 표현 기술은 생활공간에서 받아들이기가
쉽지 않았음을 깨달았던 것이다. 인형극은 삼덕동 주민들의 특성과
맞아떨어진 프로그램이다. 삼덕동을 둘러싸고 삼덕초등학교, 동덕
초등학교, 동인초등학교 등 세 개의 초등학교가 있다는 점, 손자들
을 돌보는 노인들이 많아서 노인과 손자들이 함께 공유하기 적합한

퍼포먼스

프로그램이라는 점, 마지막으로 인형극은 무대 설치 등 공연 준비에 많은 에너지를 필요로 하지 않는다는 점 때문이다.

　201번지에서의 축제는 2000년 10월 빗슬미술관 마당으로 옮겨지면서 '가을밤 초록마을 음악회'로 변신한다. 그러나 해를 거듭하면서 초기 주민들의 열광적인 반응은 조금씩 식어가고, 행사라는 느낌이 서서히 밀려오기 시작했다. 본래 축제라는 것은 주민과 함께 움직이고, 기대도 하고, 충격으로도 다가오면서 즐기는 것이어야 한다. 마을이 설렘으로 시끌벅적해야 한다. 이즈음 마고재에서 일어난 주민들의 움직임은 마을 축제의 방향을 설정해줬다.

초록마을 음악제

어느 날 마을 사람들이 마고재 마당에서 백숙을 끓여 먹고 있더라. 닭 10마리를 잡아서 마당에 장작도 피우고, 큰 솥도 매달아서 오고 가는 마을 사람들 불러 모아 이야기도 하고 술도 마시면서 하루 종일 노는 모습을 보았다. 시끌벅적한 분위기와 지나가는 주민들을 불러서 음식과 술을 권하는 모습, 뭔가가 모자란다 싶으면 아무 주민이나 갖고 와서 채워주는 자발성과 신바람과 여유와 배려 …… 이런 분위기가 마을 축제의 동력이 아닐까라는 생각을 하게 되었다.

_ 김경민 씨 인터뷰 중에서

지구의 날 행사                     초록마을축제

　　마을 축제는 기획해 보여주는 공연 이전에 마을 주민 모두 일상을 풀어놓고 유쾌하게 즐기는 잔치 같은 분위기가 전제되어야 함을 배운 것이다. 이전에도 모든 행사에는 잔치가 항상 있었지만, 2002년부터 본격적으로 삼덕동에는 1년에 두 차례 마을 잔치가 벌어진다. 특별한 프로그램도 없지만 노인들이 먼저 자리를 잡고 음식을 나누면서 한바탕 잔치가 끝나면 젊은 세대와 아이들이 뒤를 이어받는다. 아침부터 저녁까지 마을이 시끌벅적해진다. 음식은 커다란 솥 두 개를 마고재 마당에 걸어두고 마을 아주머니들이 직접 만든다.

　　그러다 보니 300여 명이 참여하는 잔치임에도 예산은 60만 원이면 족하다. 마을 여론 형성의 주요 층인 노인과의 교류도 마을 잔치에서 이루어지는데, 마을 노인에게 마을 잔치는 젊은이들이 마을의 어른인 노인을 공경한다는 행위로도 비친다. 노인부터 어린아이까

마을 잔치

지 모든 세대가 아무런 부담 없이 어울리고 공경하는 자리, 삼덕동 마을 잔치는 세대 간의 어울림을 자연스럽게 만들어낸다. 식사가 끝나면 갈 사람은 가고 남을 사람은 남아서 이런저런 공연을 만든다. 노래자랑도 이어지고, 마을 아이들이 신문지로 옷을 만들어서 패션쇼도 한다. 형식에 구애 받는 것도 아니며 평가도 없다. 그렇게 모두 한바탕 놀아보면서 마을의 활기를 만들어나간다.

삼덕동 마을 잔치는 후에 인형마임축제와 결합하면서 마을 주민의 일상성과 축제라는 비일상성이 절묘하게 결합되는 형태로 전환되었다. 인형마임축제 개막식에 벌어지는 마을 잔치는 축제 기간 내내 주민들의 마음을 들뜨게 하는 동력이었다. 잔치를 통해 주민 간의 친밀감이 전제되면서 축제라는 목적성과 결합될 때, 마을 축제는 사적인 영역을 넘어서서 공적인 영역으로 전환된다.

### 아이들의 특별한 외출-꾸러기 환경 그림대회

담장을 허문 자리에서 진행된 인형극은 아이들이라는 존재가 마

꾸러기 환경 그림대회

을 주민들의 관계를 얼마나 풍부하게 연결해줄 수 있는지를 배우게
한 계기였다. 인형극을 보기 위해 찾아온 아이들은 부모와 할머니와
할아버지 손을 잡고 왔다. 그리고 세대가 함께 인형극에 심취해 들
어갔다. 이듬해인 1999년 삼덕동 201번지에서 꾸러기 환경 그림대
회가 개최되었다. 초록화실을 운영하던 김정희 씨는 마을의 아는 아
이들을 중심으로 그림 한 점을 가져오면 전시회도 개최하고 상품도
준다는 소문을 열심히 내고 다녔다. 30여 점의 그림이 모아졌고, 삼
덕동의 작은 표구점 송림아트에 부탁해서 예쁜 액자를 저렴하게 구
입했다. 마당에 이젤을 세우고, 먹거리도 장만하고, 그렇게 제1회 꾸
러기 환경 그림대회가 개최되었다.

　꾸러기 환경 그림대회도 폭발적인 호응을 받았는데, 그저 마을의
개구쟁이들이었던 아이들의 그림이 나름대로 품격을 갖고 전시되자
마을 주민들은 아이들에게 관심을 보이기 시작했다. 해를 거듭할수
록 참가자도 늘어났고, 대구 YMCA에서 예산을 지원해줘서 나름대
로 격식을 차리고 일주일간 전시를 한 후 시상식을 거행했다. 하지

만 참가자 수가 많아지면서 여덟 점의 수상작을 고르는 것도 쉽지 않았고, 한마을 안에서 대상·금상·은상 등으로 상의 서열을 구분한다는 것이 타당한가에 대한 고민도 생겨났다. 은근히 압력을 넣는 주민도 생겼다. 김정희 씨가 생각해낸 대안은 상의 서열을 없애버리고 참가한 아이들 모두에게 상을 주는 것인데, 아이들이 정성껏 그린 그림에서 잘 그린 부분을 찾아내 엄청나게 칭찬해주는 상으로 바꾼 것이다. '우리 함께 참세상', '반짝반짝 생각상', '나무 참 잘 그린 상', '꼼꼼상' 등이 꾸러기 환경 그림대회 상 이름이다. 매년 '삼덕동 마을을 파괴하는 공룡의 모습'만 그렸던 아이에게는 '공룡 참 잘 그린 상'으로 몇 년간의 서러움을 해결해주었다.

꾸러기 환경 그림대회는 마을의 미래세대인 아이들에게 우리 마을을 아주 소중하게 가꿔야 함을 알려줬다. 아이들은 마을의 자산이다. 마을은 아이들에게 꿈을 줘야 한다. 그래서 꾸러기 환경 그림대회는 행사 자리가 아니라, 마을 어른들이 아이들에게 관심을 보이는 자리이자 공식적으로 마을 전체가 칭찬을 해주는 자리다.

# 재개발, 문화로 맞서다

### 강의 기억으로 남고 싶은 머머리섬 이야기

한국의 전통 마을은 사람과 공간이 서로 연계되면서 나름의 문화를 만들어낸다. 마을의 형성·유지·관리의 전 과정은 눈에 보이든 눈에 보이지 않든 참여의 과정이다. 주민은 마을의 주인이며, 주민의 참여 과정은 마을의 유지와 관리로부터 시작된다. 공동체적인 틀이 생기고 주민들에 의해 마을의 모습은 조금씩 변화해간다. 최소한 10여 년이 넘는 세월을 거쳐야 나름의 안정적인 생태적 순환구조를 갖춘다. 그러나 아이러니하게도 이때부터 재건축이나 재개발에 대한 논의가 시작된다. 삶의 터전이 재산 증식의 수단이 되면서 우리는 삶의 터전의 신령함이나 생태적 순환구조를 잃어버렸고, 삶의 터전의 짧은 수명은 삶의 이야기를 담을 공간을 실종시켜버렸다. 삶의 기억이 담긴 나무, 골목이나 공터, 집들이 한국 도시에서는 빠른 속도로 사라지고 있다. 축제의 기억을 담아놓을 공간도 없다.

　자본의 논리에 의해서 도시가 마을이 빠른 속도로 형성되고 또 빠른 속도로 소멸되어버리는 한국 사회에서 자연의 논리나 삶의 논리, 가치에 대한 논리는 자본에 의해 완전히 사라져버렸다. 2006년도 봄 삼덕동에도 재개발 폭풍이 몰아쳤다. 오랜 세월을 거치면서 삼덕동 주민들은 마을의 질서를 만들어냈고, 김경민 씨는 10년의 세월 동안 삼덕동에서 마을의 가치와 이웃의 가치를 공유해냈지만 속수무책일 수밖에 없었다. 무엇을 어떻게 해야 할지 막막했다. 재개발에 대응하는 주민을 모아낼 수 있는 방법도 오리무중이었고, 자칫하면 재개발 찬성과 반대 주민 간의 살벌한 갈등 속에서 상처만 깊어갈 것이라는 우려도 들었다.

　　재개발 예정 구역으로 고시된다는 이야기를 전해 들으면서 정말 처참하고 서글픈 마음으로 삼덕동 마을만들기 10년 활동이 모아진 사진들을 하나씩 들춰보았다. 사진들은 모두 즐겁고 행복한 모습이었다. 그렇게 한 장씩 한 장씩 넘겨보다가 삼덕동에서 인형극을 참 많이 했다는 것을 발견했다. 인형극 공연 당시 아이들의 환호와 부모들의 흐뭇한 얼굴들이 교차되었다.

_ 김경민 씨 인터뷰 중에서

주민들에게 호응을 받았던 인형극이라는 문화적 장르로 주민을 모아보자는 생각을 하게 되었다. 주민 누구나 인형극에 대한 기억은 있어서 인형극을 주제로 한 축제를 개최하자고 해도 뜬금없어 하지 않을 것이라는 자신감, 아이들의 환호를 기억하는 주민들에게는 일상적인 흐름 중 하나로 받아들여질 것이라는 기대감이 있었다. 그러면서 재개발 반대 모임이 아니라 인형축제를 기획하는 주민 모임으로 삼덕동 인형마을 축제 조직위원회를 만들고 이를 통해서 삼덕동에 대한 고민을 함께하고자 했다.

인형극이 돋보인다는 생각을 하면서 삼덕동 인형마을 축제를 생각해냈다. 인형극이라는 문화적 표현장르를 통해 주민들을 모아보자는 생각도 있었고, 무엇보다 그동안 삼덕동에서 인형극을 많이 했기 때문에 주민들이 자연스러워할 것이라는 기대감도 있었다.

_ 김경민 씨 인터뷰 중에서

그러나 김경민 씨 개인 비용 500만 원으로 어떤 극단을 불러야 할지, 기획 방향은 어떠해야 할지 막연한 상태였다. 마침 대구에서 문화활동을 하던 한국마임협회 회장인 조성진 씨와 상의하면서 인형극이라는 장르에 동적인 마임이나 저글링을 결합한 삼덕동 인형마임축제로 방향을 수정했다. 또한 조성진 씨의 도움으로 프로젝트 지원금도 받을 수 있었으며, 그 외 비용은 개개인의 후원금으로 충당했다. 대략적인 예산이 마련되면서 구체적인 기획 방향을 수립하기 위한 제1회 준비 모임에서 극단 '인형엄마'의 엄정애 대표는 머머리섬에 대한 이야기를 풀어놓았다.

　　김포군의 최북단 보구곶리에 가보면 강 가운데 유도(留島)섬이라는 큰 섬이 하나 앉아 있다. 그 옛 이름이 '머머리섬'이다. 그 너머가 바로 북한인데 전설에 의하면, 아주 옛날 섬 하나가 홍수에 떠밀려 임진강을 따라 떠내려 오다가 여기에 자리를 잡고 앉았다고 한다. 세상의 큰 흐름에 밀려 가까스로 삶의 자리를 지키는 곳을 이르는 말로 쓰이기도 한다.

엄정애 대표의 머머리섬 이야기는 삼덕동이 처한 현실을 그대로 반영하는 듯했다. 그래서 인형마임축제라는 명칭을 '삼덕동 인형마임축제-머머리섬 2006'으로 공식화했다. 재개발이라는 욕망의 홍수 속에서 떠밀리지 않고 우리 삶의 자취와 시간의 기억들을 그대로 남기고 싶은 마음을 머머리섬으로 외화한 것인데, 머머리섬으로 이름을 바꾸면서 또 한 번 처참함이 밀려왔다. 거의 절망적인 상태에서의 마지막 푸닥거리일 수도 있다는 절박한 심정이었다. 마지막 희망을 잃지 않으려고 애를 썼다. 기왕에 재개발을 염두에 둔 축제이기에 마을 전체에서 푸닥거리로 주민들을 묶어보는 방식을 취한다면,

잃어버릴 수밖에 없을 것 같은 마을 공간에 문화적 환상과 기억을 심어준다면, 바다로 흘러가지 않고 강의 역사로 남을 수 있을 것이라는 한 가닥 희망이었다.

## 예술가, 삼덕동과의 만남

흔히 문화 전문가들은 마을과 동화되기 힘들다고 한다. 마을의 속성을 이해하는 전문가가 없다는 이유기도 하지만, 전문가의 예술적 욕구와 마을의 욕구가 서로 지속적으로 결합하기가 힘들기 때문이기도 하다. 삼덕동에서 마을 축제가 가능했던 이유는 마을을 이해하고, 소통의 언어를 사용하는 예술가가 있었기 때문이다. 조성진 씨와 김정희 씨는 삼덕동을 너무나 잘 이해하고 있었기에 외부의 예술가를 조절해내기도 하고 주민의 감각을 예술적으로 변화시키는 일을 이루어내기도 했다.

김경민 씨가 조성진 씨와 맺은 인연은 1992년부터 시작된다. 낙동강 페놀 사건에 대응하는 행사를 기가 막히게 기획해낸 주체였는데, 조성진 씨 특유의 축제 기획 능력과 퍼포먼스적인 요소들이 삼덕동 마을만들기와 또다시 결합되었다. 조성진 씨와 김정희 씨가 삼덕동 마을 네트워크의 중심이 되면서 마을만들기 운동에서 문화적 기반이 서서히 확대되었다.

마을의 일상을 지켜보고 늘 마을을 살피는 사람들이 있어야만 마을 축제는 가능하다. 예술가들은 이와 같은 과정과 존재를 인정하고 그것과 소통하려는 노력을 해야만 한다. 소통을 통해서 자기 작업을

마을에 설치된 조형물

해야 하는 존재가 예술가들이다. 주민과의 관계가 축제의 물리적 토
대라면, 축제의 테마로서 문화예술 기획은 최종적으로 사람을 움직
이는 힘이며, 예술가들이야말로 인화성 물질이다(조성진, 2008).


# 삼덕동 인형마임축제, 머머리섬

### 축제 의도-마을에 환상을 심자

삼덕동 인형마임축제는 인형을 통해서 삼덕동이라는 마을에 꿈과
동화적 환상의 기억을 남기고자 했다. 인형이 갖고 있는 동화적 환
상을 삼덕동에 내면화하고 싶었다. 삼덕동 주민에게 우리가 살던 마
을에 대한 동화적 환상, 추억과 기억을 마을이라는 공간 속에서 되

왼쪽) 마고재 공연, 오른쪽) 김경민 씨 집 마당 공연

살려내면서 재개발이 아닌 다른 방식으로 우리가 꿈꾸는 마을을 이야기하고 싶었다. 그래서 전문적 공연 공간인 무대를 설치하지 않고, 내가 사는 집, 이웃의 집, 공동의 장소, 골목 모두 삼덕동 축제 공연장으로 만들어나갔다.

이러한 노력이 과연 재개발에 대응할 수 있을지는 자신할 수 없었지만, 재개발에 맞서는 방법은 자본이나 이념이 아니라 마을 주민과 공유했던 문화적 언어일 수 있다는 자신감은 축제를 준비하면서 공고화되었다. 또 하나는 마을 전체를 놀이장으로 만드는 것이다. 인형극을 보지 않더라도 마을 주민들이 마을 여기저기서 놀 수 있는 장을 만든다는 생각에서 다양한 퍼레이드를 추진했다.

삼덕동 마을 축제는 공간의 공존, 낡음과 새로움의 공존, 계층 간의 공존, 꿈과 현실의 공존, 일상과 비일상의 공존을 이야기하고자 했다. 삼덕동 마을 축제에서 '놀아보자'라는 한판은 공존을 위한 목소리였다.

왼쪽) 빗슬미술관 공연 전시, 오른쪽) 거리 퍼레이드

## 축제 장소-마을이 무대이자 객석이다

삼덕동 마을 축제는 문화 콘텐츠 프로그램이자 공간 프로그램이
다. 설치와 공연이라는 방식으로 마을이라는 공간 안에 기억과 환상
을 심고자 했기 때문이다. 빗슬미술관과 마고재, 마을만들기 센터,
삼덕초등학교 벽화 연못에 한정되지 않고, 마을 이면도로와 이웃집
마당 모두가 무대이자 객석이었다. 이처럼 차량통행을 제한하면서
온 마을이 벅적거리는, 마을 전체를 축제의 장소로 만들려면 마을
주민의 동의가 전제되어야 한다. 삼덕동에서 이것이 가능했던 것은
마을만들기 과정에서 공간의 공유가 있었기 때문이다.

축제를 향유하는 주체는 마을 주민이다. 그동안 마을 주민은 자신
들이 일상적으로 생활하는 공간에서 비일상의 경험을 했다. 인형극
을 이웃집 마당에서 볼 수 있다는 것, 이런 경험이 당연해지기 시작
했다. 이처럼 삶의 공간은 언제든지 예술의 공간으로, 표현의 공간

왼쪽) 조직위원회 회의, 오른쪽) 화장실 안내판 제작

으로 될 수 있다는 것은 마을의 개념이 달라짐을 의미한다. 그 속에서 아이도 성장하고 마을 역시 늘 새로운 변화가 가능한 공간이 된다. 정체된 공간이 아닌 것이다.

삼덕동에서 마고재와 빗슬미술관, 마을만들기 센터는 마을 축제에서 중요한 공간적 역할을 했다. 판타지를 그려볼 수 있는 도화지로서 주민들이 동의하지 않더라도 일정한 실험을 반복할 수 있는 공간이 되었다. 이러한 상징적 공간은 축제를 풍부하게 만든다. 또한 마을 전체가 축제의 공간으로 기능하기 위해서는 연결해주는 근거지가 필요한데, 마고재와 빗슬미술관, 마을만들기 센터처럼 상징적 의미의 공간이 존재하는 한 축제는 지속될 수 있다는 믿음도 생겨났다.

화장실 개방 주택의 안내문

## 축제 기획-주민이 주도한다

　축제가 주민의 삶을 기반으로 이루어진다고 하지만, 정작 주민은 마을에 그리 큰 관심을 보이지는 않는다. 마을의 일상성은 익숙하게 다가올 뿐, 그 가치를 애써 찾으려 하지 않는다. 어찌 보면 타인의 눈을 빌릴 때 그 가치가 보일 수 있다. 손님이 필요하다는 것이다. 그것이 바로 축제며, 축제를 만드는 동안 주민은 익숙했던 마을의 가치를 발견한다. 그래서 삼덕동 마을 축제 조직위원회는 모두 삼덕동 주민이다. 20여 명의 조직위원회 역할은 마을에서 주민 참여 틀도 만들고 축제 무대가 될 수 있도록 마을을 내놓는 작업을 한다. 위원들은 마을의 어느 공간이 축제 장소로서 적당한지, 어느 주민이 협조를 해줄 것인지, 마을 주민들이 가장 선호하는 축제 형태는 무엇인지 고민한다.

　인형마임축제 첫 회 때에는 공연 일정에 대한 논란도 있었다. 어린이날에는 인형극단 섭외가 쉽지 않은 기간이어서 어린이날을 피하자는 의견이 제기되었지만, 논의를 하면서 어린이날을 고수하기로 했다. 축제는 기획자의 의도에 따라서 일정을 잡는 것이 아니라 마을 주민이 필요로 하는 기간에 해야 한다. 삼덕동 마을 축제는 어린이날에 어르신과 아이들이 마을에서 즐겁게 보내도록 하자는 취지였다.

삼덕동 인형마임축제는 주민에게서 도움을 받고, 또 주민에게 도움을 준다. 현수막이나 기타 필요한 모든 물품은 마을 가게에서 구입하는 것을 원칙으로 한다. 참가 극단의 배우나 진행자에게는 쿠폰을 제공해 마을 식당에서 식사를 하게 한다. 마을의 작은 축제지만, 그 혜택은 고스란히 마을 주민에게 돌아가도록 했다.

> 첫 회는 공연은 좋았지만 가장 큰 문제는 화장실이었다. 마을 사람들에게는 초대권을 나눠주고 외부에서 구경 오는 사람들에게는 입장료를 받았는데, 마을 자체가 공연장이다 보니 화장실 문제가 심각했던 것이다. 2,000명의 외부 사람들이 왔기 때문이다.
>
> _ 김경민 씨 인터뷰 중에서

첫 회 축제를 끝내고 제2회부터는 마을 화장실을 개방하기 시작했다. 오래된 집들이어서 마당에 화장실이 있는 경우가 꽤 있었는데, 몇몇 주민들이 자신의 화장실을 축제 기간에 개방하면서 화장실 문제도 해결할 수 있었다.

## 예술 기획-마을을 이해하는 예술가

삼덕동 인형마임축제에는 조직위원회와 추진위원회 두 개의 조직
이 구성되어 활동한다. 추진위원회의 역할은 공연 내용이나 방향을
설정해 극단을 섭외하는 일이다. 추진위원장은 한국마임협회 회장
인 조성진 씨가 맡고 있으며, 예술감독은 엄정애 씨, 미술감독은 삼
덕동 벽화 작업을 총괄하고 있는 김정희 씨, 그리고 사무처장은 반
달인형극회 대표인 박민량 씨로 구성되었다. 20여 명의 추진위원회
원들은 극단섭외 원칙을 명확하게 설정했다.

　　예술가들은 자신의 언어를 주민들에게 주입하려고 해서는 안 된
　　다. 물론 주민들에게 맞추기만 해서도 안 된다. 만일 주민들에게 맞
　　추려고만 했다면 대중적인 프로그램만 갖고 왔을 것이다. 그러나 우
　　리는 메시지가 있는 내용과 주민들과 소통할 수 있는 언어를 가진 예
　　술가를 초청하는 것을 원칙으로 했다.

　　　　　　　　　　　　　　　　　　　　　　　_ 조성진 씨 인터뷰 중에서

참여한 예술가는 삼덕동 마니아가 되고 있다. 최소한의 출연료를
받고도 흔쾌히 해마다 참여하는 극단도 있고, 삼덕동과의 네트워크
가 긴밀해지는 예술가도 있다. 마을이라는 공간에서 진행되는 주민
과의 소통, 예술가들은 삼덕동에서 새로운 것을 배운다.

인형마임축제 머머리섬에는 매년 20여 개 팀의 인형극단을 비롯해
서 여러 장르의 공연 단체가 참여하고 5,000명의 관객이 다녀간다.

그러나 이 축제는 관객의 수에 민감하지 않다. 이 축제는 인형마임축제 이전에 삼덕동 축제, 즉 전통적인 동제(洞祭)의 회복이라는 맥락에서 보아야 하기 때문이다. 기본적으로 삼덕동 인형마임축제는 주민이 즐기는 축제다. 따라서 작품이나 극단의 선택 역시 철저히 주민의 관점을 우선적으로 고려한다. 삼덕동 인형마임축제는 예술을 통한 현대적인 동제를 만드는 것이 목표다. 궁극적으로 주민들이 자신이 사는 곳을 긍정하고 사랑하는 것이 목적이다.

_ 조성진 씨 인터뷰 중에서

## 축제 홍보-알아서 찾아오기

삼덕동 인형마임축제의 가장 중요한 고객은 주민이다. 홍보물은 마을을 중심으로 부착되고, 모든 마을 주민에게는 '초대권'을 나눠준다. 외부인에게도 열려 있지만 입장료를 받는다. 언론 광고 등 대중적 홍보도 하지 않고, 외부 상인도 철저하게 금하는 등 모든 것을 마을 주민의 시각에서 진행한다. 이런 이유로 홍보나 마케팅에 소요되는 비용이나 에너지도 최소화된다. 외부인들은 알아서 오라는 것이다. 알음알음 와야 일정한 이해를 지닌 관객층이 형성된다. 대중적 홍보에 노출된 관객이 대종을 이루면 축제의 내용도 그런 대중적 요구에 시달리게 되기 때문이다(조성진, 2008).

마을 주민에게는 무료라는 것도 하나의 이유겠지만, 경제적 이유로 나들이가 쉽지 않았던 주민들은 놀라울 정도로 뜨거운 반응을 보였다. 재개발에 찬성하는 주민들은 축제에 의심의 눈초리를 보냈지만, 그들의 자녀는 모두 즐겁게 인형극과 마임을 즐겼다. 그러다가

왼쪽) 인형마임축제, 오른쪽) 초록별 아이들

재개발 추진위원회 주민들도 차츰 참여하기 시작했다. 삼덕동 마을 축제는 이렇게 주민들을 서서히 동화시켜나갔다. 마을의 분위기를 완전히 바꿔낸 것이다. 마을에서 재개발에 대한 대응은 자본이나 이념이 아니라 문화적 동질감과 문화적 소통일 수 있다는 확신이 생겼는데, 삼덕동 마을 축제 조직위원들이 '삼덕동을 사랑하는 주민 모임'으로 전환된 것은 자연스러운 흐름이었다.

## 축제 프로그램-공동의 이야기와 장소 만들기

① 개막과 폐막-초록별 아이들의 공연

1999년도에 창단된 삼덕동 아이들의 인형극단 '초록별 아이들'은 제1회 인형마임축제부터 현재까지 개막식과 폐막식 첫 번째 공연을 담당한다. 항상 마을에서 왔다 갔다 하는 아이들이지만 마을에서 자신을 표현한 적이 없었는데, 꾸러기 환경 그림대회를 시작으로 아이

인형워크숍

들 역시 마을을 표현하는 하나의 주체로 성장해갔다. 초록별 아이들은 조성진 씨를 포함해 여러 전문가들의 지도를 받았고, 2006년부터는 반달인형극회 배우인 김은정 씨가 지도하고 있다.

초록별 아이들이 개막식과 폐막식 공연을 담당한 이유는 '마을 축제'기 때문이다. 개막과 폐막 공연에는 상징적 의미가 있다. 마을 축제의 시작과 끝을 우리 아이들이 해냄으로써 온전히 주민들의 축제로 만들어낼 수 있었다. 이 아이들의 공연을 통해 머머리섬인 삼덕동을 삶의 온기가 있는 마을로 유지하고 싶었다. 또한 개막행사는 주민들과 함께 식사를 나누는 마을 잔치와 함께하면서 삼덕동 인형마임축제의 주인은 주민이며 목표가 공동체성의 회복에 있음을 분명히 밝힌다. 사흘 동안 진행되는 인형마임축제의 성공적 개최를 다짐하는 자리기도 하다.

② 인형만들기 워크숍과 퍼레이드
축제는 다양한 삶의 이야기가 펼쳐지고 묻어나며 표현될 때 아름

거리 퍼레이드

답다. 축제가 벌어지는 장소에서 축제라는 과정을 통해 사람들의 삶
이 회복되고 치유되는 모습은 축제를 생명력 있게 한다. 축제가 기
획되고 준비되며 실행되는 전 과정을 통해 주민은 다양하고 사적인
삶의 이야기를 공동의 이야기 안으로 모아내고 공동의 환상 안에서
개인을 재해석한다. 축제는 참여한 우리에게 공동의 이야기와 장소
를 만들어준다. 그래서 삶의 맥락을 갖는, 생명력이 돋보이는 축제
는 반드시 주민 참여와 공동 기획으로 만들어져야 한다.

　인형만들기 워크숍은 축제가 개최되기 한 달 전인 4월부터 마고
재 마당에서 삼덕동 아이들과 주민들이 인형과 작품을 만드는 과정

이다. 제1회·제2회 워크숍에는 극단 인형엄마 대표인 엄정애씨가 총괄 지원했고, 제3회 워크숍부터는 반달인형극회가 지원하고 있다. 워크숍은 한 달 뒤 개막될 인형마임축제에 대한 설렘과 기대를 갖게 하며 마을을 축제의 분위기로 서서히 달아오르게 한다. 주민들은 워크숍에서 만들어둔 인형이나 작품으로 저마다의 꿈이 이루어지기를 기원하면서 퍼레이드를 펼친다. 주민은 축제의 관객이자 행위자가 되는데, 퍼레이드 코스는 삼덕동 일원에서 시작해 동성로, 국채보상운동 기념공원 등을 거친다. 삼덕동 주민들은 자신이 만든 인형을 들고 시내를 질주하는데, 이것은 '우리는 이렇게 산다'는 일종의 시위이기도 하다.

③ 본행사-생활공간을 예술 공간으로

삼덕동 인형마임축제 머머리섬은 해를 거듭할수록 마을 공간을 환상으로 가득 채우는, 예술을 매개로 하는 현대적인 마을굿으로 자리를 잡고 있다. 2006년 초기의 공연들도 하나씩 검증되면서 예술인형극과 저글링, 마술, 크라운 등이 자리를 잡았다. 비눗방울 퍼포먼스를 하는 일본인 오쿠다 씨는 3회 연속 참여했다. 좋은 극단을 섭외하는 데에는 반달인형극회와 조성진 씨의 역할이 가장 컸다. 예술기획자들은 삼덕동 인형마임축제의 기획 의도를 설정하고 극단을 섭외하는데, 이러한 전문 지원이 있었기에 해마다 마을에 걸맞는 내용으로 변화되어왔다.

'머머리섬 2006' 포스터와 행사 모습

■ 머머리섬 2006-생명나무와 아홉 개의 태양

생명나무와 아홉 개의 태양이라는 주제는 하나의 태양이라는 생각을 깬다. 아홉 개의 태양은 우리가 잃어버린 상상력, 다양성, 창의성과 같은 것들을 의미하는데, 삼덕동에 아홉 개의 태양이 떠오르면서 생명의 나무가 잘 자라기를 희망한다는 뜻이다. 한편으로는 아홉 개의 공연 공간을 의미하며, 생명나무는 아홉 개의 공연 공간을 이어주는 골목이다.

전국 20여 개의 인형극단과 마임극단을 초청해 5월 5일부터 7일까지 진행된 '머머리섬 2006'은 삼덕동의 장소적 특성을 발견해 마을의 골목과 집들을 축제의 물리적 배경으로 이용함으로써 장소와 문화적 콘텐츠가 잘 결합된 성공적인 축제였다. 또한 축제로 주민들의 구심력을 마련했다는 것은 재개발에 대응할 주민 모임 구성의 서막을 알리는 것이었다.

'머머리섬 2007' 포스터와 행사 모습

■ 머머리섬 2007-장욱진 그림 속 마을

재개발에 대한 찬반이 가장 격렬했던 시기에 개최한 '머머리섬 2007'은 축제 준비팀에게
긴장감을 느끼게 했다. 축제 중 불미스러운 사건이 벌어지지 않을까 하는 걱정에 축제는
마고재와 빛슬미술관, 마을만들기 센터, 삼덕초등학교, 주민 센터라는 공간을 중심으로
진행했다. 그러나 걱정과 달리 '머머리섬 2007'은 열광적인 호응을 얻으며 거리 퍼레이드
까지 무사히 치러졌다. 모든 주민이 환호하는 축제 자리에 재개발이라는 자본의 욕망은
끼어들 틈을 찾지 못했다. 인형마임축제는 삼덕동의 일부가 되었다.

'머머리섬 2007'의 주제는 이중섭 · 박수근과 함께 한국 근대화기를 대표하는 장욱진 화

'머머리섬 2008' 포스터와 행사 모습

백의 그림에서 찾았다. 집과 가족을 유난히 많이 그린 장욱진 화백의 작품은 삼덕동이라
는 마을의 소박한 꿈을 표현하는 데 더없이 좋은 주제였기 때문이다. 장욱진미술문화재단
의 도움을 받아 장욱진 화백의 그림 전시를 빗슬미술관에서 개최했고, 극단 인형엄마의
'장욱진 그림 속 이야기'와 마임 연기자 조성진 씨의 '도인이 된 화가' 등 장욱진 화백의 삶
과 작품세계를 그리는 공연도 이어졌다.

■ 머머리섬 2008-데굴데굴 바퀴와 꼭두각시 놀이
2007년부터 대구 YMCA 희망자전거 제작소 아트바이크팀이 삼덕동 빗슬미술관과 마고
재에 들어오면서 2008년 머머리섬 주제는 아트바이크와 꼭두극의 결합이었다. 그러나
우여곡절 끝에 꼭두극 섭외가 불발로 그치면서 데굴데굴 바퀴는 있는데 꼭두각시가 없는

'머머리섬 2008'의 프린지 공연

'머머리섬 2008'의 거리 퍼레이드

결과를 낳기도 했다.

그럼에도 '머머리섬 2008'은 또 다른 변화를 만들어냈다. 빗슬미술관 내부를 조명과 설치미술로 장식해 어린 시절 놀았던 인형의 집을 그대로 재현해낸 '기획전시-인형의 집'이 선보였고, 관객이 적극적으로 참여하는 프린지(Fringe) 공연도 도입했다. 네 번의 모임이 경험의 전부이고, 구성원도 다섯 살 꼬마에서 주부에 이르기까지 각양각색인 삼덕동 마을만들기 센터 풍물팀이 공연에 나섰고, 여섯 살의 마을 꼬마는 바이올린을 들고 무대에 올라섰다. 자신감 하나만 있으면 누구나 참여할 수 있었던 프린지 공연은 모두가 무대에 설 수 있음을 보여주었다. 첫째 날과 마지막 날에 마을 주민과 축제를 찾은 시민은 각양각색의 자전거에 몸을 싣고 삼덕동 마고재부터 국채보상운동 기념공원까지 거침없이 차로를 달렸는데, 퍼포먼스인 예술자전거 퍼레이드는 아트바이크팀원이 중심이 되었다.

'머머리섬 2009' 포스터와 행사 모습

■ 머머리섬 2009-어花둥둥 꼭두야

'머머리섬 2009'는 마을을 예쁜 꽃밭으로 만들고 골목에는 여러 가지 인형을 설치해서 우리 마음속에 있는 아름다운 마을을 삼덕동에 차근차근 실현하려는 의도로 기획되었다. 축제를 매개로 공간을 바꾸기도 하고, 공간을 바꾸면서 다시금 축제의 장을 풍부하게 하는 과정은 삼덕동 자투리 공간에 일곱 개의 꽃밭을 만들어냈다.


# 일상과 연계된 축제

정주성이 뿌리 뽑히고 익명적 개인으로 해체된 도시 공간에서 삶의 맥락을 갖는 참여의 축제를 만드는 것은 쉽지 않은 일이다. 소통해야 될 주체는 없이 관객만이 가득 찬 오늘날의 축제는 그래서 허전하다.

마을 축제의 기획은 공간과 문화에 대한 참여적 관찰과 학습을 전제로 디자인해야 한다. 삶의 진실성에 기초하지 않은 수많은 축제는 생뚱맞다. 축제의 환상과 비일상적 여백이 생명력을 갖는 것은 우리의 삶에 뿌리를 내리고 있는 장소성의 이야기를 하기 때문이다. 축제를 통해 주민은 삶의 장소를 환상과 자유로 가득 차 있는 공간으로 경험하며, 삶과 삶의 터전의 이야기는 유머와 재치, 재미와 장난으로 가득 찬 진실성 있는 축제를 열어주는 뿌리가 된다.

삼덕동 인형마임축제는 몇 가지 의미가 있다. 첫째, 인형극의 선택은 외부 전문가에 의하지 않았고, 마을에서 10여 년간 진행된 일들의 내부 결과물이다. 몇 번의 잔치, 꾸러기 환경 그림대회, 지신밟기, 여러 장르의 공연 시도 등을 통해 주민들이 가장 반기고 기대하는 공연이 인형극이라는 것을 찾아낸 것이다.

둘째, 공간의 확보다. 마을의 빈터처럼 여러 가지 실험이 가능한 공간인 마고재와 빗슬미술관의 확보는 결정적이었다. 빈터는 방치된 공간이 아니라 마을의 모든 것을 담아낼 수 있는 열린 공간이기에, 빈터에도 동의할 수 있는 아름다움이 있어야 한다. 이런 의미에서 마고재와 빗슬미술관은 여러 가지 실험이 가능한 곳이고, 일상과 축제를 멋지게 담아내고 있으며, 삼덕동 인형마임축제의 상징적 공간이다.

셋째, 마을의 일상에 예술공연이 녹아 들어갔다. 거리와 마당과 마루라는 무대에서 인형마임공연은 자연스럽게 마을의 한 요소가 되었으며, 무대장치는 마을의 일상으로 전환되었다. 주민들에게도 봄이 오면 축제가 벌어질 것이라는 기다림, 인형과 마임공연이 벌어졌던 마당과 마루의 기억이 자연스럽게 다가오면서 더 이상 문화는, 축제는 낯선 것이 아닌 생활의 한 부분이 되었다. 문화가 삶의 영역으로 자리 잡은 것이다.

넷째, 무차별적인 자본의 공세에 맞서기 위해 문화를 매개로 했다. 재개발이라는 자본의 공세 속에서 축제로 주민과 소통을 시작하고, 격렬한 시기에는 오히려 기선을 잡으면서 삼덕동의 문화자원으로 만들어냈다.

도심의 한 블럭 정도밖에 되지 않는 공간에서 열린 축제지만 결코 작은 축제가 아니었습니다. 참으로 예쁘고 꿈을 꾸는 듯한 축제였지만 역시 어린이들만을 위한 축제가 아니었습니다. 머머리섬이라 이름 붙인 이 축제는 적어도 마을 주민이나 또는 이 마을을 바라보던 이들 그 누구도 상상하지 못한 세계를 그려주었습니다. 이제 두 번째로 이 마을에 인형극과 마임을 하는 예술가들을 초대하면서 이분들이 만들어내는 감동이 우리 마을에 어떤 변화를 가져올까 궁금해집니다. 관변 축제나 상업적인 문화, 그리고 온갖 욕망을 채우는 일이 일상이 되어버린 이 시대에 이렇듯 순수하고 정감 어린 작은 축제에 찾아오신 모든 분들을 사랑합니다. 마음껏 누리고 꿈꾸다 가시길 바랍니다. 그리고 이 축제를 마련하기 위해 애쓰신 주민 여러분과 예술인 여러분께 감사의 마음을 전합니다.

_ 김두철 삼덕동 인형마임축제 조직위원장의 제2회 삼덕동 인형마임축제
'머머리섬 2007' 개회식 인사말

삼덕동에 몰아친 재개발 바람은 느슨했던 삼덕동 마을만들기 운동에 대한 여러 가지 평가를 낳았고, 새로운 방향을 모색하게 했다. 자본의 대항마는 자본이 아니라, 삼덕동 마을의 공고한 커뮤니티다. 이에 10년간 진행된 삼덕동 마을만들기 운동의 원형을 거대한 자본으로부터 지켜내고 지속성을 담보하기 위해서는 느슨했던 일상을 새롭게 재조직하면서 체계적인 커뮤니티를 형성해야 할 필요성이 제기된 것이다.

# 커뮤니티 비즈니스와 마을만들기

# 삼덕동, 커뮤니티 비즈니스를 고민하다

　　삼덕동에 몰아친 재개발 바람은 느슨했던 삼덕동 마을만들기 운동에 대한 여러 가지 평가를 낳았고, 새로운 방향을 모색하게 했다. 자본의 대항마는 자본이 아니라, 삼덕동 마을의 공고한 커뮤니티다. 이에 10년간 진행된 삼덕동 마을만들기 운동의 원형을 거대한 자본으로부터 지켜내고 지속성을 담보하기 위해서는 느슨했던 일상을 새롭게 재조직하면서 체계적인 커뮤니티를 형성해야 할 필요성이 제기된 것이다.

　　첫출발은 자유롭게 사용했던 마고재와 빗슬미술관, 마을만들기 센터라는 공간의 재규정이다. 일상에서는 자유로운 휴식 공간으로, 축제 때는 무대로, 심각한 사안이 있을 때는 주민 회의장소로 사용해왔던, 2007년부터는 아트바이크 작업장이었던 이 공간들의 기능을 세심하게 규정하면서 일상과 비일상을 촘촘하게 얽어놓을 필요성이 제기되었다. 물론 전제는 주민과 함께하는 공간, 주민들이 필요로 하는 공간이다. 공간을 매개로 하는 새로운 커뮤니티 틀의 고민은 2005년 일자리 지원 센터와 결합한 마을조사 결과가 실마리를 찾아줬다. 노인과 저소득층, 가출 청소년에게 일자리가 필요하다는 당시의 조사결과를 끄집어내어 공간과 매개하는 방안을 모색했다. 즉, 마을만들기 근거지로서의 공간 관리와 일자리 창출을 결합하고, 이윤은 다시 공간과 마을로 순환되는 시스템을 모색하면서 삼덕동은 커뮤니티 비즈니스를 고민한 것이다.

　　커뮤니티 비즈니스는 커뮤니티에 방점이 찍혀야 한다. 마을만들기 역량의 강화라는 측면에서의 관점이 필요한데, 삼덕동 커뮤니티 비즈니스의 일자리 제공은 마을 공간을 매개로 진행되며, 일자리를 통해 발생한 수익은 마을을 위해 사용된다. 대구 에스파스(2010년 1월 사회적 기업 인증), 희망자전거 제작소(1998년 12월 사회적 기업 인증), 피스트레이드(2009년 예비 사회적 기업), 마을 지역 아동 센터 설립 등이 커뮤니티 공간의 재규정과 커뮤니티 비즈니스의 모색을 통해 생겨난 사업이다.

각각의 사업은 독자적이면서 서로 연계되어 커뮤니티 순환구조를 생성해낸다. 대구 에스파스는 삼덕동 주민에게 일자리를 제공해주며, 수생식물 등을 판매한다. 피스트레이드의 흙공예 사업은 도자기와 에스파스 수생식물의 수반을 제작한다. 또한 피스트레이드는 커피판매로 얻은 수익금의 일부를 삼덕동 노인대학 운영비로 사용하며, 희망자전거 제작소의 투어바이크는 대구 에스파스에서 운행된다.

물론 삼덕동에서 진행되는 커뮤니티 비즈니스는 다차원적이고 실험적인 형식을 띠고 있어 중구난방이기는 하지만, 커뮤니티 비즈니스 탐색은 삼덕동 마을만들기 운동의 지속가능성을 모색하는 또 다른 실험 과정으로 보아야 한다.

# 커뮤니티 비즈니스 활동

## 대구 에스파스(dgespaces)

SK와 YMCA가 협력해 진행하는 마을과 아이들(Baby Village) 프로젝트에 대구 YMCA도 사업을 신청해 2005년부터 참여했으나 여러 가지 이유로 1년 만에 중단했다. 이 사업은 여성을 위한 사회적 일자리를 창출하고 서민층의 경제적 자립과 안정화를 지원함으로써 행복하고 건강한 마을을 만들어가기 위한 것이었다. 그런데 대구 YMCA가 마을과 아이들 프로젝트의 일환으로 진행한 삼덕동 마을 조사는 삼덕동에 거주하는 노인 및 저소득층에 대한 일자리 지원이 시급하다는 결론을 내리게 했다. 한편으로는 재개발에 기인한 마을의 긴장 속에서 삼덕동 마을이 사회적 일자리를 생성해내는 인큐베이터이며, 일자리를 통한 또 다른 커뮤니티는 마을의 건강성을 지속해줄 수 있을 거라는 판단도 있었다. 김경민 씨가 일자리 지원 사업으로 대구 에스파스를 구상한 계기는 프랑스 파리의 에스파스* 사례를 접하면서다.

대구 도심을 남과 북으로 가로지르는 도심 하천인 신천과 국가 하천인 금호강이 만나는 무태교 부근은 과거 대구시민들의 훌륭한 휴식 공간이었다. 모래사장이 넓게 펼쳐졌던 이곳은 대구시민들의 사랑을 받아왔는데 인근에 산업단지가 조성되면서 산업폐기물과 쓰레기로 버려진 공간이 되었다. 이에 김경민 씨는 프랑스 파리의 에스파스 사례를 접하면서 이곳을 저소득층의 사회적 일자리를 통한 친

---

* 에스파스(Espaces)란 공간·장소를 뜻하는 프랑스어다. 르노 자동차의 이전으로 방치된 공장 부지의 환경보호를 위해 시민 단체 '푸른 센 계곡(Val de Seine Vert)'에서 출발해 주변 소외 계층(센 강 주변의 불량자, 노숙자, 르노 공장 실직자 등)을 참여시킨 센 강 주변 환경정비 사업이다. '푸른 센 계곡'은 1995년 환경운동과 사회적 서비스를 목적으로 활동하는 시민 단체로 사회적 기업인 에스파스를 설립해 강을 중심으로 실업자들을 환경파수꾼으로 육성하면서 친환경적인 생태문화 공간을 조성하는 사업을 전개해오고 있다. 에스파스는 파리의 대표적인 사회적 기업으로 손꼽힌다.

왼쪽) 조성한 습지, 가운데) 산책하는 시민, 오른쪽) 폐목으로 만든 곤충 모형

환경적 생태문화 공간으로 변화시킬 구상을 했다.

2006년 김경민 씨는 대구시의 '희망경제 비상대책위원회 서민생활 분과위원회'에 참여하면서 신천 에스파스 사업을 제안했고, 2007년 2월 대구시와 대구 YMCA, 대구도시개발공사가 공동으로 정부에 사회적 일자리 창출 사업을 신청하면서 본격화되었다. 사업이 선정됨에 따라 2007년 첫해에는 기초생활 수급대상자, 장애인, 노숙인, 실업자 등 취업 취약 계층 50명을 고용했으며, 2009년에는 25명이 활동을 했는데 약 30%가 삼덕동 주민이었다.

대구 에스파스는 '생물종 다양성 기획에 기반을 둔 경관계획'을 구상하고 있다. 외부적으로는 경관적 우수성을 유지하면서 내부적으로는 다양한 생물종의 먹이터와 서식처를 제공해주는 것을 목표로 한다. 대구 에스파스의 특징은 다음과 같다.

첫째, '참여설계'다. 대략적인 배치도만 그리고 난 뒤 현장에서 시민과 자문위원들이 협의하며 둔치를 조성했는데, 옛날 고향 개천과 같은 느낌이 연출된 것은 이런 노력의 결과다. 2007년부터 시작된

교각 아래를 에코아트홀로 조성한 모습

사업의 결과로 신천과 금호강 합류지점은 생태습지 2곳, 논 130평, 야생화원 등이 어우러진 생태공원으로 탈바꿈했다.

둘째, 습지 중심의 하천가꾸기 방식이다. 기존 하천 개발 사업은 하천과 둔치 사이를 콘크리트로 막는 방식이어서 둔치가 사막화되는 데 반해, 대구 에스파스는 습지를 조성함으로써 많은 생명체에게 서식처를 제공하고 안정된 생태계를 유지하고자 했다. 첫해의 중심 주제는 참개구리 서식처 복원 사업이었다. 이 사업은 1년 만에 큰 성과를 냈는데, 자연형 습지와 논을 제공함으로써 참개구리의 개체 수가 눈에 띄게 늘어났다.

셋째, 중장비 동원을 최소화한 인력 지향의 작업이다. 취업 계층 일자리의 지속성을 담보하기 위해서는 중장비를 이용해 일사천리로 완공하는 것이 아니라, 그들의 특성을 고려한 작업방식을 선택해야 하기 때문이다. 그렇다고 해서 삼덕동 에스파스 단원들의 작업을 단순 노동으로 이해하면 곤란하다. 그들은 작업 과정을 함으로써 습지

투어바이크 모습

의 중요성을 이해했으며, 종의 다양성을 위한 생태환경을 고심하고 있다. 매일매일 새롭게 발견된 생물종을 확인하면서 최대한 친환경적 공간을 조성하기 위해 노력하고 있다.

넷째, 상상을 넘어서는 초저예산이다. 에스파스 단원들은 2만m² 부지에 연못과 습지, 논밭을 만들기 위해 괭이와 삽으로 땅을 파고 흙을 갈아엎으면서, 땅속에서 나온 돌로 돌길을 만들고 돌담을 세웠다. 뽑힌 작은 나무는 식물과 나무의 버팀목으로 삼았고, 큰 나무는 정자 기둥으로 이용했다. 이 모든 것은 장비를 동원하지 않고 사람의 손으로만 진행했는데, 두 곳의 습지 조성에 소요된 비용은 90만 원에도 못 미친다. 보통 하천조성 사업에 소요되는 비용이 평당 50만 원인 점에 비추어보면 초저예산 사업인 셈이다. 하천변 자전거 도로는 파란 아스콘을 설치하는 것이 보통이지만 대구 에스파스는 일일이 돌을 파내고 땅을 다듬으면서 멋진 흙길을 만들어냈다. 흙길에서 달리는 자전거와 보행자의 모습은 여유롭다.

다섯째, 신천의 경험을 바탕으로 대구 전역으로 일자리 확대를 시
작했다. 2009년 삼덕초등학교 벽화 연못 및 마고재 습지 조성을 시
작으로 조경 및 습지 조성 사업에 참여하고 있다. 대구 에스파스는
2009년 12월 사회적 기업 인증을 받았다.

## 희망자전거 제작소

2007년 11월부터 대구 YMCA가 시작한 희망자전거 제작소는 사
회적으로 의미 있는 일자리 창출 및 자전거 이용 활성화, 거리문
화 · 거리관광 인프라 구축 등을 주요 활동내용으로 하는데, 이는
2009년 9월 7일 노동부 국비 지원 사업으로 확정되었다. 대구
YMCA, 대구도시가스, 대구시가 공동 기획한 기업 연계형 사회적 일
자리 사업인 희망자전거 제작소 사업은 타운바이크(Town bike), 아
트바이크(Art bike), 투어바이크(Tour bike)로 구분된다.

타운바이크 사업은 도심에 무단 방치되거나 버려진 자전거를 수
거 · 수리 · 재생해 시민들에게 판매하거나, 출퇴근 시민들에게 연간
일정액을 받고 임대해주는 사업이다. 아트바이크 사업은 기존의 자
전거를 새롭게 디자인해서 거리 공연, 퍼레이드, 퍼포먼스 등 행사
용도에 맞게 재미있고 독특하며 예술적으로 디자인해서 제작하는
사업이다. 투어바이크 사업은 자전거에 전기장치를 장착해 전기의
힘으로 움직이는 자전거를 만들어 각종 예술 퍼레이드 행사나 대구
동성로, 신천 에스파스 관광을 중심으로 운행하는 사업이다.

아트바이크 제작은 미술 전공자의 참여가 필수적이었는데, 벽화
작업을 총괄했던 김정희 씨를 비롯해 삼덕동 벽화 작업이나 문화기

대구 에스파스 주요 활동 내용

| | |
|---|---|
| 2006. 07 | 희망경제 비상대책위원회 구성(대구시 주관) |
| 2006. 10 | 희망경제 비상대책위원회 서민생활 분과위원회 제6차 회의에서 '신천 에스파스 사업'에 대한 논의 시작 |
| 2007. 02 | 대구시, 대구 YMCA, 도시개발공사 공동으로 2007년도 '사회적 일자리 창출 사업' 신청 → 사업명: 사회적 일자리를 통한 친환경적 신천가꾸기 (신천 에스파스) |
| 2007. 03 | 2007년도 '사회적 일자리 창출 사업'으로 선정 |
| 2007. 04 | 사업 참여자(근로자) 공개 모집 및 교육 |
| 2007. 04 | 생태 공간 조성공사 착수 |
| 2007. 06 | 생태습지 2개소 조성: 논 약 130평, 야생화원 조성 및 야생식물 등 약 160여 종 식재 |
| 2007. 07~10 | 공간 조성 공사 약 70% 완료: 습지 조성 2개소, 논 조성 130평, 화단조성 및 향토식물 등 170종 식재 |
| 2008. 08 | 야생동물 재활습지 조성 완공 |
| 2008. 09 | 대구 에스파스 수생 · 습지식물 전시회 |
| 2008. 10 | 제10회 람사르 총회 참가자 관람 |
| 2008. 11 | 장승 작업 완공 |
| 2008. 12 | 야생동물 재활습지에 보호했던 수리부엉이 방사 |
| 2008. 12 | 대구 삼덕초등학교 인공습지 준공 |
| 2009. 01 | 대구 삼덕동 마고재 공사 완료 |
| 2009. 03 | 보리 · 밀 심기 및 서편 조성 작업 시작, 장승, 수생식물 판매 시작 |
| 2009. 04 | 대구 에스파스 자전거 대여 실시 |
| 2009. 05 | 대구 에스파스 올챙이 습지 생태학교 원생 모집 |

획에 참여했던 청년 예술가들이 아트바이크 제작팀의 중심이 되고
있다. 삼덕동 문화기획을 하면서 공공미술과 마을 디자인에 참여했
던 경험은 희망자전거 제작소 활동을 마을과 밀접하게 결합하게 했

대구 희망자전거 제작소 주요 활동 내용

| 2007. 09 | 기업 연계형 사회적 일자리 사업 약정서 체결 |
| --- | --- |
| 2007. 10~11 | 참여자 모집 및 훈련 시작 |
| 2007. 12 | 희망자전거 제작소 개관 및 작업장 개소: 타운바이크 작업장(대구 YMCA 1층), 아트바이크작업장(삼덕동) |
| 2008. 01 | 자전거 폐품을 활용한 예술교육(정크아트박스) 프로그램 개설 |
| 2008. 01 | 희망자전거 제작소 삼덕동 수리 센터 개소(매장 겸 수리 센터) |
| 2008. 02 | 희망자전거 제작소 시제품 제작 |
| 2008. 03 | 재생자전거, 예술자전거 본격 시판 |
| 2008. 05 | 대구 삼덕동 머머리섬 축제에 재생자전거, 예술자전거 퍼레이드 개최 |
| 2008. 08 | 실업극복국민재단 신용대부금 사업 희망자전거 제작소 선정 |
| 2008. 09 | 남구청 지역복지박람회에 저소득 계층 자전거 100대 기증 |
| 2008. 11 | 영남대학교에 희망자전거 200대 납품, 주민자치 센터 143곳 자전거 납품 |
| 2008. 12 | 노동부 사회적 기업 인증 |
| 2009. 02 | 영남대학교 교내 희망자전거 제작소 수리 센터 개소 |
| 2009. 04~ | 대구 경북 자전거기증 운동본부 활동: 대구시 200대, 경북도 100대 |

자료: 희망자전거 제작소 홈페이지 및 활동 일지

으며, 마을만들기 운동에 새로운 활력으로 작용했다. 벽화 작업의 보수와 마을 곳곳의 설치미술, 스트리트 퍼니처를 결합한 자전거 보관대, 삼덕동 인형마임축제 때의 아트바이크 퍼레이드 기획 등 다양한 방식으로 마을만들기 운동에 활력을 주고 있다.

하지만 타운바이크는 사업 초기의 예상보다 많은 어려움을 겪으면서 성장해온 경우다. 자전거를 만만하게 보고 기술 수준을 낮게 판단하면서 발생한 어려움은 자전거 공장을 운영했던 기술자를 초빙해 교육을 받고 함께 작업하면서 디자인을 강화하고 안전성을 높

왼쪽) 삼덕동 소재 자전거 수리 센터, 오른쪽) 예술 자전거

일 수 있었다. 이 같은 사업을 추진하기 위해 희망자전거 제작소에
는 디자이너 등 42명이 일하는데, 그중 절반 이상이 사회적 일자리
로 취직한 고령자나 장애인이며, 전문 인력이 취약 계층 직원을 교
육하면서 함께 일한다. 일터이자 교육장인 셈이다.

사업 초기에 타운바이크는 대구 YMCA 1층에 작업장이 있었으며,
아트바이크는 삼덕동 마고재와 빗슬미술관을 작업장으로 사용했었
다. 그러나 삼덕동 공간의 재편성이 진행되면서 현재 삼덕동에는 희
망자전거 수리 센터만 존재하고 아트바이크 팀은 대구 YMCA로 옮
겨갔다.

### 피스트레이드(Peace Trade)

피스트레이드는 세계 각국의 공정무역 상품을 판매하는 사업과

왼쪽) 바리스타 교육, 오른쪽) 공정무역 커피 판매

흙공예를 비롯한 도자기 제작 사업이 결합한 공정무역을 표방하는 예비 사회적 기업으로, 삼덕동 녹색가게에 위치했다. 피스트레이드 사업단에는 쉼터를 통해서 삼덕동을 알게 된 가출 청소년, 대안학교를 졸업하고 요리사가 되기를 꿈꾸는 마을 청년, 여성 가장, 마을의 품격 있는 할머니 등 삼덕동 마을만들기 운동의 중요한 주체들이 골고루 참여하고 있으며, 구성원의 2/3는 쉼터 아이들이다. 이는 쉼터 아이들과 삼덕동 마을과의 지속적 연결고리를 고민한 결과물이다.

마을이 쉼터 아이들에게 건강한 일자리를 제공한다는 것은 '단순 돌봄'이라는 차원을 넘어서서 이들이 건강한 사회구성원으로 자리를 잡게 하기 위함이다. 삼덕동에서 쉼터는 제도화된 쉼터와 다른 가치가 있다. 일반적인 쉼터는 아이들을 보호하고 어느 정도 보호기간이 지나면 이들을 사회로 내보내지만, 아이들은 사회에 적응할 아무런 준비도 하지 못한 상태이기에 악순환이 다시금 반복될 수밖에

왼쪽) 도자기 제작, 오른쪽) 화분 판매

없다. 삼덕동의 가치로 쉼터를 바라본다면 일차적으로 아이들을 보호하지만, 궁극적으로는 이 아이들이 건강한 사회구성원으로 자리 매김할 수 있도록 마을의 여러 가지 건강한 자산을 경험하게 하는 것이다.

2009년부터 시작한 '바리스타 교육'은 삼덕동에 위치한 커피명가 본사의 도움을 받아 진행했는데, 바리스타 교육을 받게 한 것은 자신의 미래를 꿈꾸게 하기 위함이다. 물론 아직 아이들에게 이것이 제대로 전달되지도 않았고 또 한편으로는 바리스타가 이 아이들의 미래의 모습이 아닐 수 있지만, 자신의 미래를 체념했던 아이들에게 사회구성원으로서의 가능성을 갖게 하기 위함이다. 피스트레이드 흙공예 사업은 노인 일자리와 연계되어 있다. 노인들이 도자기를 만들면 전문가가 최종 수정해 전기 가마에서 구워내는데, 제작한 화병이나 화분 등은 여러 경로를 통해 판매된다.

현재 피스트레이드 사업단은 여러 행사 장소에 나가서 커피 및 도자기 등을 판매한다. 아직은 매무새가 썩 단정하지 않은 아이들이지만 유니폼을 입고 판매를 하는 동안 서로 멤버십도 생겨났다. 행동도 매우 신중하다. 이렇게 아이들은 서서히 변화하고 있다.

마고재와 빗슬미술관은 피스트레이드팀이 운영할 계획이다. 어떤 모습으로 어떻게 운영할 것인지는 아이들과 담당 교사가 함께 고민하고 있다. 자구력을 스스로 어떻게 가질 것인지, 서로 역할은 어떻게 설정할 것인지, 피스트레이드가 어떤 사회적 가치를 만들어낼지를 주체적으로 고민하는 중인데 우선 설정한 역할은 공간 관리 기능이다.

공간 관리는 청소이며, 수리이고, 또 공간에 새로운 가치를 부여하는 것이다. 그리고 주민과의 소통이다. 결국 공간 관리는 마고재와 빗슬미술관에 한정되지 않고, 마고재와 빗슬미술관을 중심으로 마을 전체의 관계를 관리하는 것이기에 주민과의 관계에 대한 고민이 전제되어야 한다. 예를 들어 피스트레이드는 이윤에서 월 20만원을 노인대학의 운영비로 지출하는데, 이는 비용 지출의 의미를 넘어서 마을 노인과 관계가 형성되었음을 의미한다.

외지인의 눈에는 초라해 보이고 낡아 보일지라도 삼덕동 주민 누군가에게는 30여 년을 살아오면서 자식들을 키워낸 마을이고, 다른 누군가에게는 직장이었으며, 또 다른 누군가에게는 보듬어주는 품이었다. 10여 년 동안 마을에 애정을 갖고 열심히 궁리하면서 슬쩍슬쩍 변화를 주는 사람도 있다. 이들에게 삼덕동은 아직 충분히 살 만하다. 오래된 마을은 나름의 깊이가 있다. 그 깊이는 "아직 충분히 살 만하다"라는 주민들의 목소리다.

# 마을도 깊이가 있다

삼덕동 마을만들기 사례는 마을도 나름의 깊이가 있음을 일깨워
준다. 사람에게 공간의 기억은 공간 자체의 기억보다 공간을 매개로
한 삶의 기억이다. 삼덕동 마을은 70여 년 동안 점진적인 공간의 변
화가 일어난 곳이다. 그리고 거기에 살던 사람들의 변화도 점진적으
로 일어났다. 점진적인 변화 속에서 끊임없이 조정했으며, 그 축적
이 현재 삼덕동의 모습이다.

마을만들기 운동은 충분한 마을읽기로부터 시작되어야 한다. 행정
이 중심이 되든지, 전문가가 중심이 되든지, 시민 단체가 중심이 되든
지 충분한 마을읽기는 마을만들기 운동의 없어서는 안 될 출발점이
다. 즉, 마을읽기는 마을의 공간과 사람에 대한 이해로 마을의 자원과
맥락을 이해하는 것이다. 외국의 사례나 타 지역 사례를 무분별하게
복제해서 버젓이 장소성 기획이나 특화 사업의 이름으로 시행되는 무
모함은 분명 마을읽기를 생략하고 시작한 한계에서 비롯되었다.

마을은 우선 있는 그대로 봐야 합니다. 30~40년 된 마을은 다 예뻐
보여요. 문화생태학적으로 조정과 조율, 시간이 만들어낸 미학인데
오래된 마을은 정말 있을 것이 다 있거든요. 오래된 동네들은 공간으
로 보는 것이 아니라 시간이 응축되어 쌓여 있는 문화로 봐야 합니다.
시각적인 공간 연출이 아니라 문화생태학적 배려를 가지고 그 공간
을 탐사해보면 개방성과 완결성을 가진 생명체라는 것이 느껴지는데,
저는 이것을 문화 커뮤니티라고 생각합니다. 이것을 다 읽어야만 공
간을 놓고 이야기할 수 있지요.

_ 김경민 씨 인터뷰 중에서

삼덕동 마을만들기 운동은 분명히 충분한 마을읽기로부터 시작되지 않았다. 중구난방으로 마을만들기 프로그램을 벌여나가면서 마을을 알게 되었다고 하는 것이 더 정확하다. 1998년 담장허물기 사업이 삼덕동 마을만들기 운동의 시작이었지만, 마을을 제대로 읽은 것은 2005년 재개발 시기에 삼덕동 마을만들기 운동 사진을 정리하면서다. 재즈 공연, 현대무용, 국악 공연 등 다양한 프로그램 속에서 간과해왔던 인형극이 10여 년의 자료를 통해서 그 의미가 완전히 새롭게 드러났고, 노인과 저소득 계층이 많다는 것도 새삼 깨달았다.

마을을 인문학적으로, 사회학적으로, 혹은 문화생태학적으로 읽어나가면 마을에서 벌어지는 삶의 다양한 문제들이 왜 발생하는지, 그리고 주민들은 그것을 어떻게 나름대로의 경험으로 풀어가는지를 알 수 있다. 마을의 공간 역시 낡거나 보기 싫다고 바꿔버리는 것이 아니라, 낡음과 보기 싫음 역시 마을의 한 부분임을 인식하면서 주민의 시선으로 다시금 바라보게 된다. 그래서 삼덕동 공간 디자인은 감추거나 없애버리는 것, 새로운 것으로 덧대는 것이 아니라, 장소와 주민 간의 관계를 배워나가면서 자연스럽게 녹아들어갔기에 전혀 새롭지 않다. 자연스러움 속에서 삼덕동 마을은 미래를 꿈꾸고 있다. 삼덕동 인형마임축제 '머머리섬 2010'은 생텍쥐페리의 『어린 왕자』를 모티브로 별 B-612와 장미 등 마을에 어울리고 환상을 불러일으킬 수 있는 설치물을 꽃밭에 설치할 계획이다. 마을은 예쁜 공간이며 꿈을 꿀 수 있는 공간이다. 커뮤니티 디자인은 하나의 장소를 매개로 한 주민과의 소통을 넘어서서 마을의 가치와 미래와 소통하는 것이다. 마을읽기가 전제된 커뮤니티 디자인이야말로 공간의 건강성을 결정하는 관건이다.

 마을만들기는 사람만들기라고 한다. 마을을 만들어나가는 건강한 주체로서의 '인적자원'은 마을만들기의 중요한 동력이기 때문이다. 삼덕동 마을만들기 운동에 대한 많은 질문 중 하나가 바로 "주민위원회는 어떻게 구성되어 있는가?"이다.

 삼덕동 마을만들기는 주민 조직과 거리가 멀다. 오랜 세월을 거쳐 안정적 구조를 갖는 마을의 주민들은 나름의 삶의 지혜 속에서 적절히 관계를 맺고 있다. 이처럼 오랜 기간에 걸쳐서 형성된 관계를 마을만들기와 연계하기 위해서 김경민 씨는 끊임없이 일상 속에서의 소통을 꾀했다. 신뢰가 형성되지 못하면 주민들은 자신의 사적 영역에 들어서는 것을 거부한다. 삼덕동에서 굳이 지신밟기나 산타클로스 선물 나누기를 한 이유는 주민의 사적 영역인 마당과 안방에 들어갈 수 있음을 확인하기 위함이었다.

 일상의 소통은 인형마임축제와 결합되면서 삼덕동 최초의 주민 모임인 '인형마임 조직위원회'로 외화되었다. 그러나 축제가 끝나면 다시 이들은 일상으로 돌아간다. 삼덕동 마을만들기는 프로젝트가 아니기 때문이다. 해를 거듭하면서 적절한 사람을 찾아냈고, 이들이 중심이 되어 새로운 활동을 모색하면서 분화되고 있다. 또 사안에 따라 삼덕동 마을을 중심으로 협력체계를 만들어내기도 한다. 마을만들기 운동은 주민 조직으로 활성화되지 않고, 소소한 일상적 관계들의 소통과 일상적 생활정치의 조직화 속에서 활성화된다.

 한편 마을만들기 운동이 주민 주도형, 주민 참여형 운동으로 전개되어야 하는 맥락에서 보면 '주민위원회 구성'에 대한 질문은 너무나 당연하게 느껴지기도 한다. 그렇지만 속사정은 그렇게 간단하지 않다. 주민을 '장소성을 띠는 시민'이라고 했던가? 그러면 왜 '마을에 시민은 존재하는가'라고 묻지 않을까? 좀 더 구체적으로 '마을 안에 시민적 공공성은 존재하는가?'라고 묻는다면 답은 의외로 간단하지 않다. 장소성을 띠는 시민은 마을이라는 장소를 삶의 터전으로 보기도 하지만, 한편으로는 재산 증식의 수단으로 바라보기도 한다. 부동산이야말로 한국 사회에서 불로소득과 일확천금의 신화로 점철된 꿈과 탐욕의 카지노가 아닌가? 장소성이나 협동적 공생 등 마을 단위를 기반으로 한 삶의 가치를 일거에 무너뜨릴 수 있는 폭발력 있는 키워드는 바로 부동산 가치이며, 재개발 논리이다. 그래서 주민들이 환경·문화·생활·생명 등의 시민 가치를 아주 상식적인 삶의 가치로 받아들이는 데는 상당히 많은 시간과 절차가 필요하다. 그렇기에 언어적 코드인 '주민위원회'라는 주민 조직의 구성이 마을에서 과연 유용한 도구인가라는 판단을 먼저 해야 한다.

로마가 하루아침에 만들어지지 않았듯이 삼덕동도 하루아침에 만들어지지 않았다. 외지인의 눈에는 초라해 보이고 낡아 보일지라도 삼덕동 주민 누군가에게는 30여 년을 살아오면서 자식들을 키워낸 마을이고, 다른 누군가에게는 직장이었으며, 또 다른 누군가에게는 보듬어주는 품이었다. 10여 년 동안 마을에 애정을 갖고 열심히 궁리하면서 슬쩍슬쩍 변화를 주는 사람도 있다. 이들에게 삼덕동은 아직 충분히 살 만하다. 오래된 마을은 나름의 깊이가 있다. 그 깊이는 '아직 충분히 살 만하다'라는 주민들의 목소리다.

# 참고문헌

김경민. 2008. 「한국YMCA 지역커뮤니티 운동의 방향과 대안-삼덕동 마을 만들기 사업 사례 연구를 중심으로」. 한국 YMCA 간사논문.

김은희. 2006. "그들이 허문 것이 담장뿐이었을까". ≪걷고 싶은 도시≫, 2006년 7·8월호.

김정희. 2008. 『알콩달콩 삼덕동』.

조성진. 2008. 『축제문화연구소가 다녀 온 축제』. 알콩달콩 삼덕동.

■ **지은이**

• 김은희
  인하대학교 독문학과 졸업
  현) 걷고싶은 도시만들기 시민연대 사무국장

• 김경민
  연세대학교 철학과 졸업
  현) 대구 YMCA 사무총장

■ **기획**

• 국토연구원 | www.krihs.re.kr
  국토연구원(KRIHS, Korea Research Institute for Human Settlements)은
  국토자원의 효율적인 이용과 개발 및 보전에 관한 정책을 종합적으로
  연구·발전시켜 각급 공간계획의 수립에 기여함을 목적으로 1978년 설립된
  정부출연 연구기관이다. 국토 전반에 걸쳐 폭넓은 연구를 수행하고 있으며,
  기본 및 수시 연구보고서를 비롯해, 월간 ≪국토≫, 학술지 ≪국토연구≫
  와 ≪건설경제≫, *Space & Environment*, ≪국토정책 Brief≫, ≪도로정책
  Brief≫ 등의 다양한 정기간행물을 발간하고 있다.

• 도시재생지원사업단 | ubin.krihs.re.kr
  이 단행본은 국토연구원 도시재생지원사업단에서 기획했다. 도시재생지
  원사업단은 지방자치단체의 역량강화 및 시민참여 확대를 통한 도시의
  혁신적인 발전을 지원하기 위해 설립되었다. 지역 중심의 도시발전을 위
  해 지방자치단체에 대한 자문 및 교육지원, 국내외 주요도시 DB 축적
  등을 통한 디지털 라이브러리 운영, 시민단체 및 일반시민에 대한 학습
  기회 제공과 함께 도시재생관련 정책연구를 수행하고 있다.

# 그들이 허문 것이 담장뿐이었을까

대구 삼덕동 마을만들기

ⓒ 국토연구원, 2010

지은이 ㅣ 김은희·김경민
펴낸이 ㅣ 김종수
펴낸곳 ㅣ 도서출판 한울

편집책임 ㅣ 이교혜
편집 ㅣ 이가양

초판 1쇄 인쇄 ㅣ 2010년 5월  3일
초판 1쇄 발행 ㅣ 2010년 5월 17일

주소 ㅣ 413-832 파주시 교하읍 문발리 507-2(본사)
　　　 121-801 서울시 마포구 공덕동 105-90 서울빌딩 3층(서울 사무소)
전화 ㅣ 영업 02-326-0095, 편집 02-336-6183
팩스 ㅣ 02-333-7543
홈페이지 ㅣ www.hanulbooks.co.kr
등록 ㅣ 1980년 3월 13일, 제406-2003-051호

Printed in Korea.
ISBN 978-89-460-4293-3  03330

* 가격은 겉표지에 표시되어 있습니다.